DES SÉISMES AUX VOLCANS

L'édition originale de cet ouvrage
a paru sous le titre : *Earthquakes to Volcanoes*

Adaptation française de Louis Morzac

D/1993/0195/62
ISBN 2-7130-1470-0
(édition originale : ISBN 0-7496-0747-5)

Exclusivité au Canada :
Les éditions Héritage inc., 300, rue Arran
Saint-Lambert (Québec) J4R 1K5
Dépôts légaux, 4e trimestre 1993
Bibliothèque nationale du Québec
Bibliothèque nationale du Canada
ISBN 2-7625-7494-3

Loi n° 49-956 du 16 juillet 1949
sur les publications destinées à la jeunesse

Imprimé en Belgique

GÉOGRAPHIE EN DIRECT

DES SÉISMES AUX VOLCANS

JOHN CLARK – LOUIS MORZAC

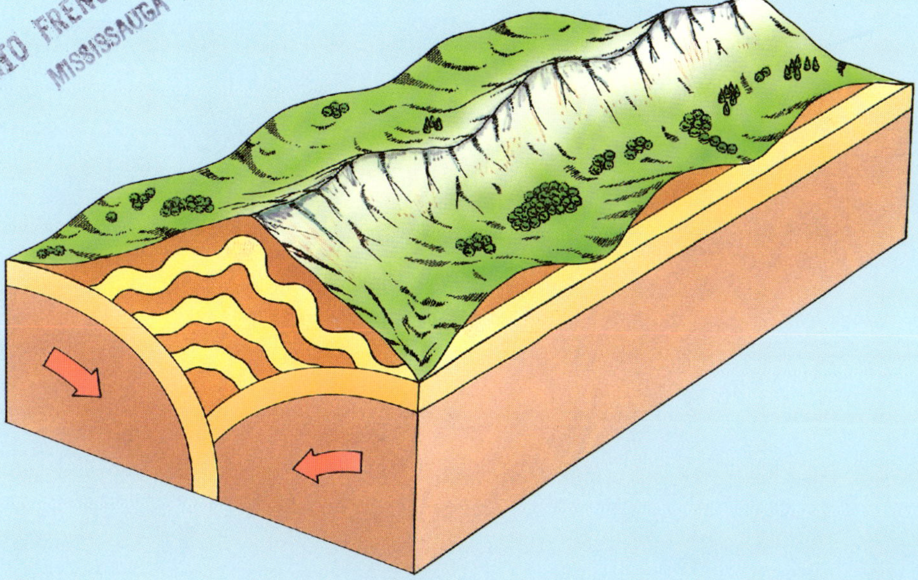

GAMMA - HÉRITAGE

Sommaire

Les séismes et les éruptions volcaniques représentent deux forces qui contribuent à modeler la Terre. Cet ouvrage examine de près la structure de la Planète et ses modifications superficielles. Il décrit les roches et leur formation, l'impact des séismes, du volcanisme et de l'érosion sur le relief. Vous y trouverez également des expériences faisant appel à des matériaux et des équipements usuels.

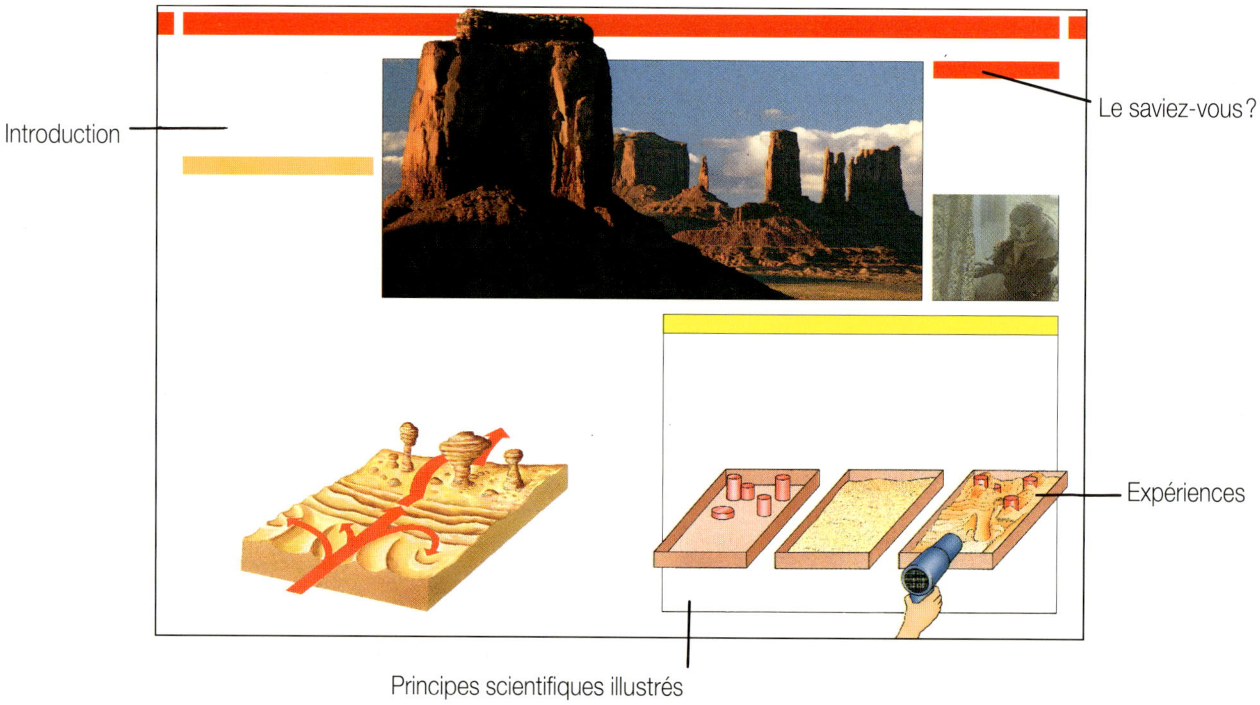

En quelques siècles, la surface terrestre ne paraît guère se modifier, mais depuis la naissance de la Terre il y a des millions d'années, elle s'est modifiée à de nombreuses reprises. Les séismes et le volcanisme y ont laissé leur impact. Il existe cependant d'autres processus plus lents dont les effets se marquent à long terme.

L'enveloppe extérieure ou écorce terrestre est constituée de gigantesques plaques de roche qui flottent sur le magma sous-jacent. Leur rencontre est à l'origine de la formation de montagnes et du déversement par les volcans de roches en fusion. Les plissements et les fractures de l'écorce terrestre modifient également le paysage.

Tout comme ces forces intérieures, des facteurs externes entrent en jeu. Vent, pluie et gel provoquent l'érosion des roches et leur réduction en menus fragments que les rivières charrient vers l'océan. La mer elle-même ronge les côtes à mesure que les vagues attaquent les falaises.

L'érosion a usé les roches tendres pour laisser des pics dentelés de roche dure.

STRUCTURE INTERNE DE LA TERRE

La Terre a un diamètre moyen de 12 760 km, et pivote sur son axe tout en décrivant une orbite autour du Soleil. Vue de l'Espace, elle paraît bleue et est parsemée de taches blanches que sont les nuages masquant par endroits le sol et l'océan. Mais sous cette apparence tranquille se cachent des roches et métaux en fusion.

▽ Coupe de la Terre mettant en évidence les couches dont elle est formée et dont l'épaisseur augmente avec la profondeur

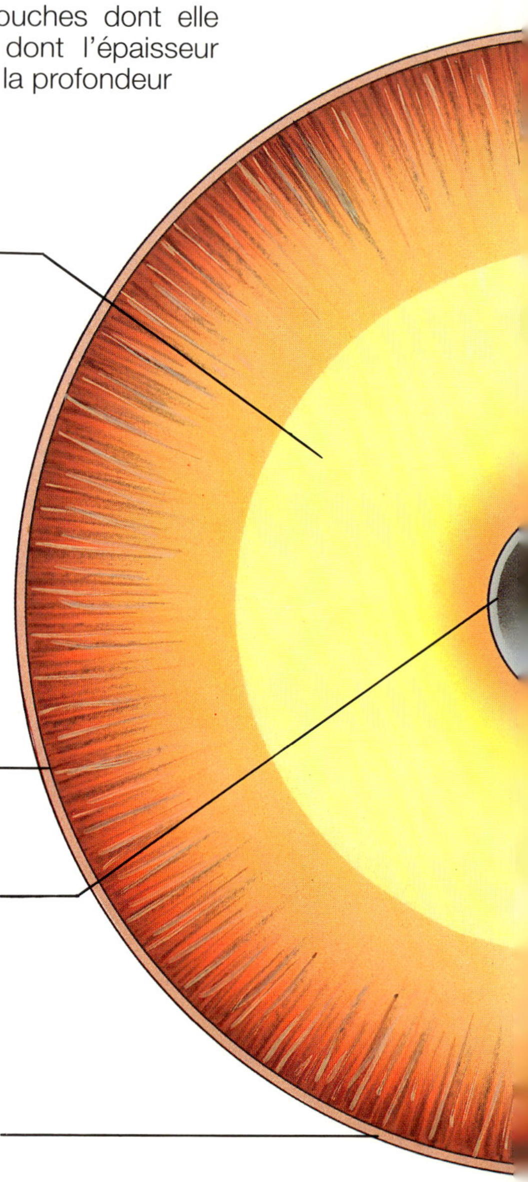

FORMATION

La Terre est née il y a environ 4,5 milliards d'années en même temps que le Soleil et les autres planètes qui gravitent autour de lui. À l'époque, c'était un monde brûlant et cataclysmique agité de tourbillons de gaz et de poussières. Lentement elle prit forme; les matériaux les plus lourds s'enfoncèrent vers le centre, les plus légers, les liquides et les gaz, constituèrent son enveloppe extérieure.

Il fallut environ un milliard d'années pour qu'elle s'apaise, se refroidisse et que sa croûte se solidifie tout en demeurant percée de volcans en activité. L'eau apparut et de violents orages se succédèrent.

Un milliard et demi d'années plus tard, les algues bleu-vert commencèrent à dégager de l'oxygène et à modifier la composition de l'atmosphère. La croûte se condensa en énormes plaques flottant sur les matériaux sous-jacents en fusion. Ce sont ces plaques en mouvement qui composent encore l'écorce terrestre.

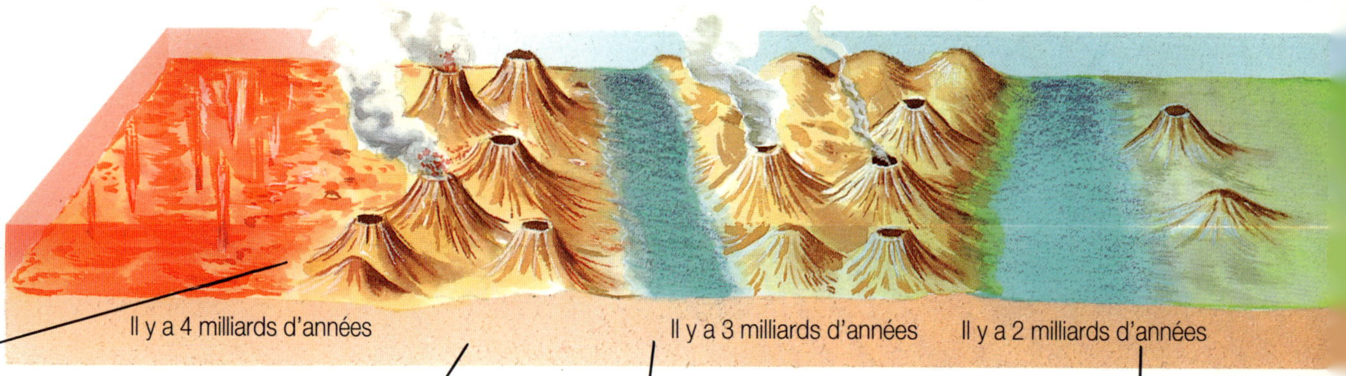

DU NOYAU À LA SURFACE

L'écorce terrestre est constituée de roches solidifiées. Les fonds océaniques également. Mais la Terre n'est pas entièrement solidifiée. Sous l'écorce terrestre, on trouve un manteau dur, puis plus bas encore une couche épaisse de fer en fusion et un noyau central de fer et de nickel solidifiés.

Tel l'oignon, la Terre a une structure stratifiée, mais seuls le noyau interne et la croûte externe sont durs. Les océans recouvrent près des trois quarts de la surface terrestre, la terre ferme occupe le reste. L'écorce est mouvante partout, ce qui provoque des séismes et des éruptions volcaniques au cours desquelles le magma se fraie un chemin jusqu'à la surface.

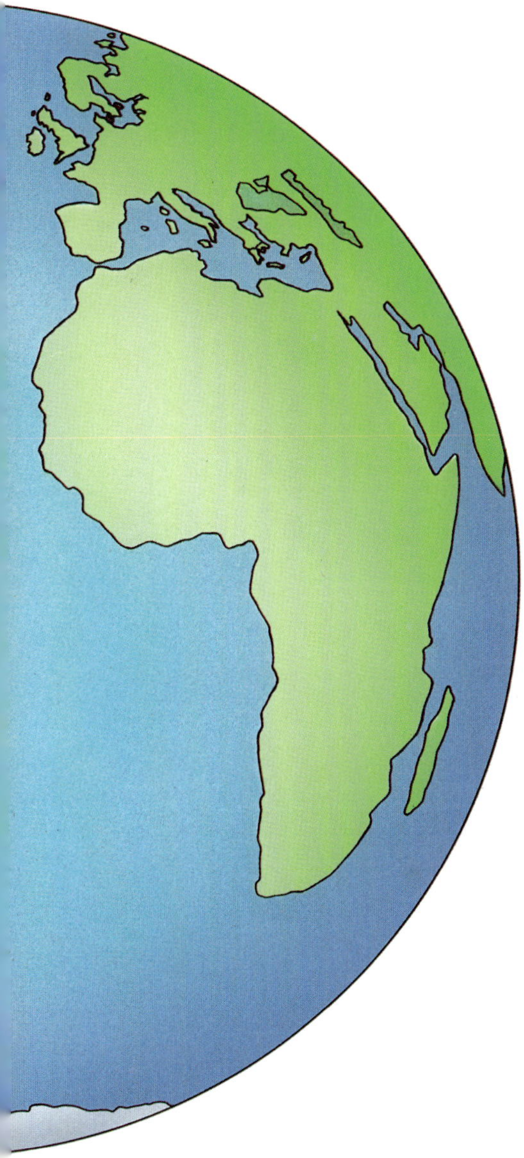

△ L'eau recouvre près des trois quarts de la surface terrestre; les continents ressemblent à des îles géantes. La surface terrestre est entourée de l'atmosphère d'une épaisseur de près de 500 km, à la densité décroissante à mesure que l'on s'élève.

LE SAVIEZ-VOUS?

Le découpage de la tranche ci-dessous montre que l'oxygène est l'élément le plus abondant de la croûte terrestre (46,6% de la masse totale). Il est surtout combiné au silicium, classé deuxième, sous forme de silicates. L'aluminium est le métal le plus courant.

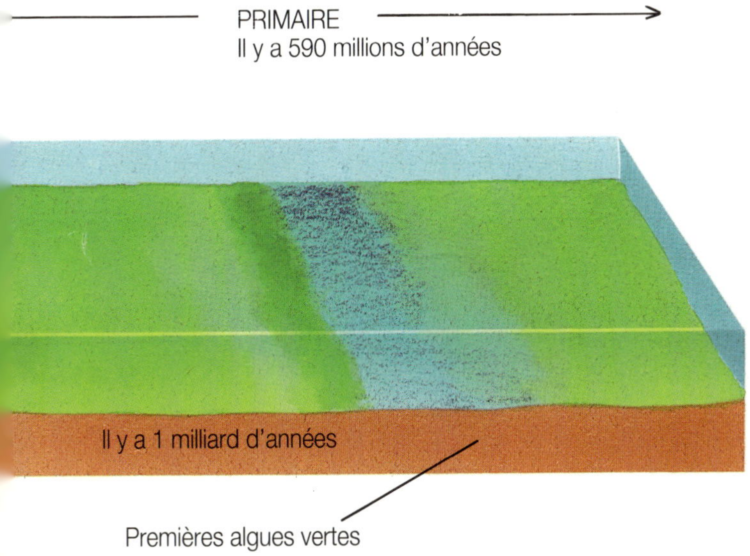

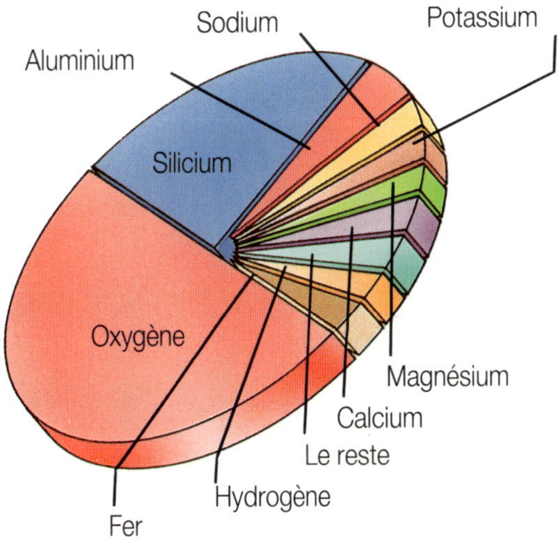

ÉCORCE TERRESTRE

L'écorce terrestre est une couche rocheuse d'énormes plaques, d'une épaisseur de 40 km dans les régions continentales. Mais sous les océans la croûte n'a qu'une épaisseur de 8 km. La croûte se modifie perpétuellement car les courants de matériaux en fusion dans les profondeurs terrestres maintiennent les plaques en mouvement.

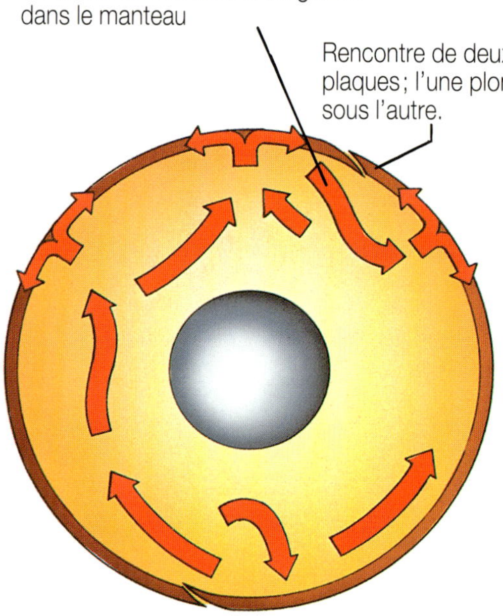

△ La chaleur générée dans les entrailles terrestres provoque dans le manteau des courants de convection à mesure que les matériaux plus chauds remontent lentement vers la surface.

LA DÉRIVE DES CONTINENTS

Chacun des continents est ancré à une ou plusieurs plaques tectoniques (voir carte page 9). Les continents n'ont pas toujours occupé leur emplacement actuel. Il y a 200 millions d'années environ, ils formaient un seul continent énorme appelé Pangée, mais à mesure que des matériaux en fusion se frayaient un chemin pour remonter entre les plaques, une nouvelle croûte se formait et les plaques commencèrent à se séparer pour constituer les continents d'aujourd'hui.

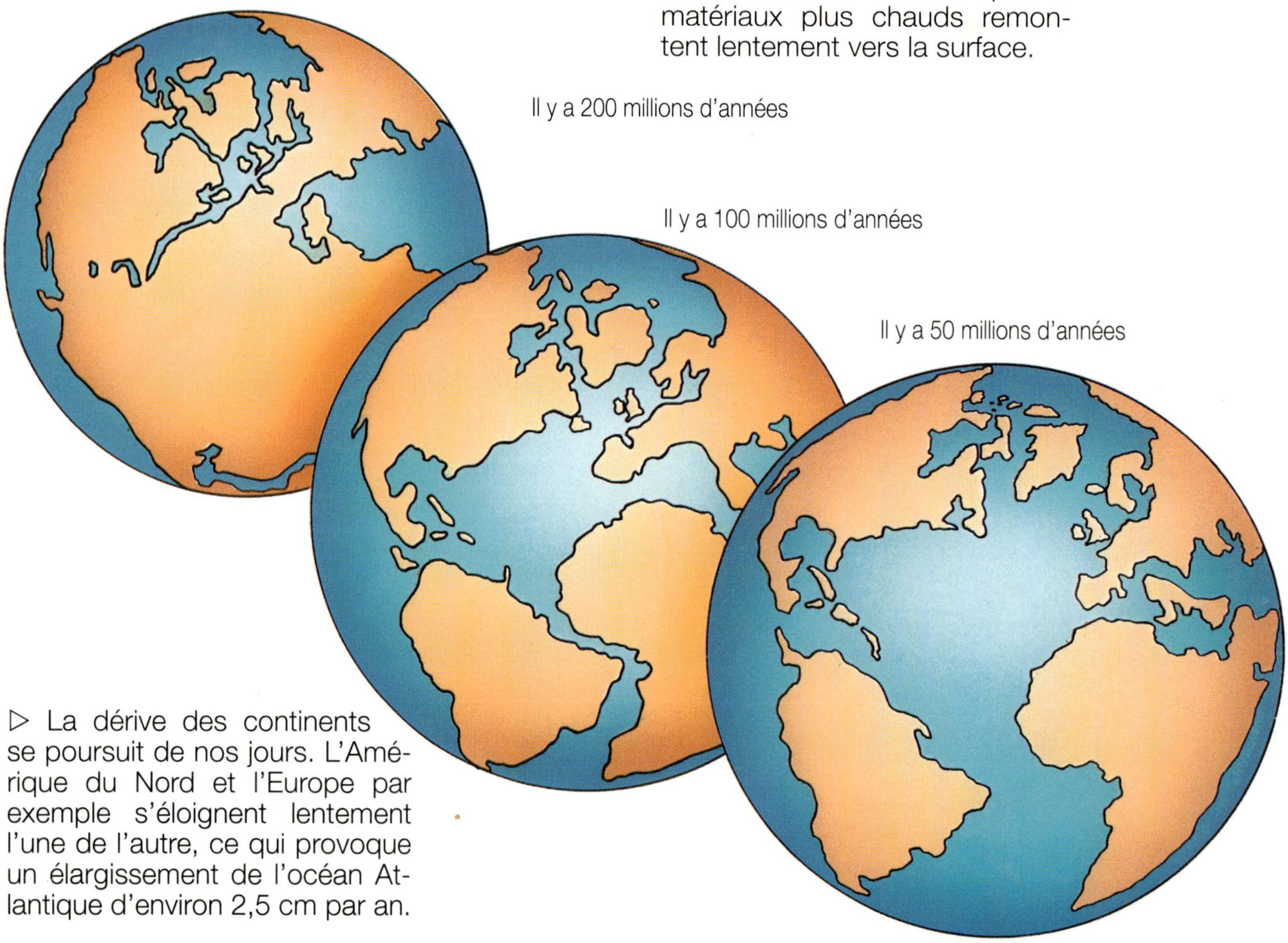

▷ La dérive des continents se poursuit de nos jours. L'Amérique du Nord et l'Europe par exemple s'éloignent lentement l'une de l'autre, ce qui provoque un élargissement de l'océan Atlantique d'environ 2,5 cm par an.

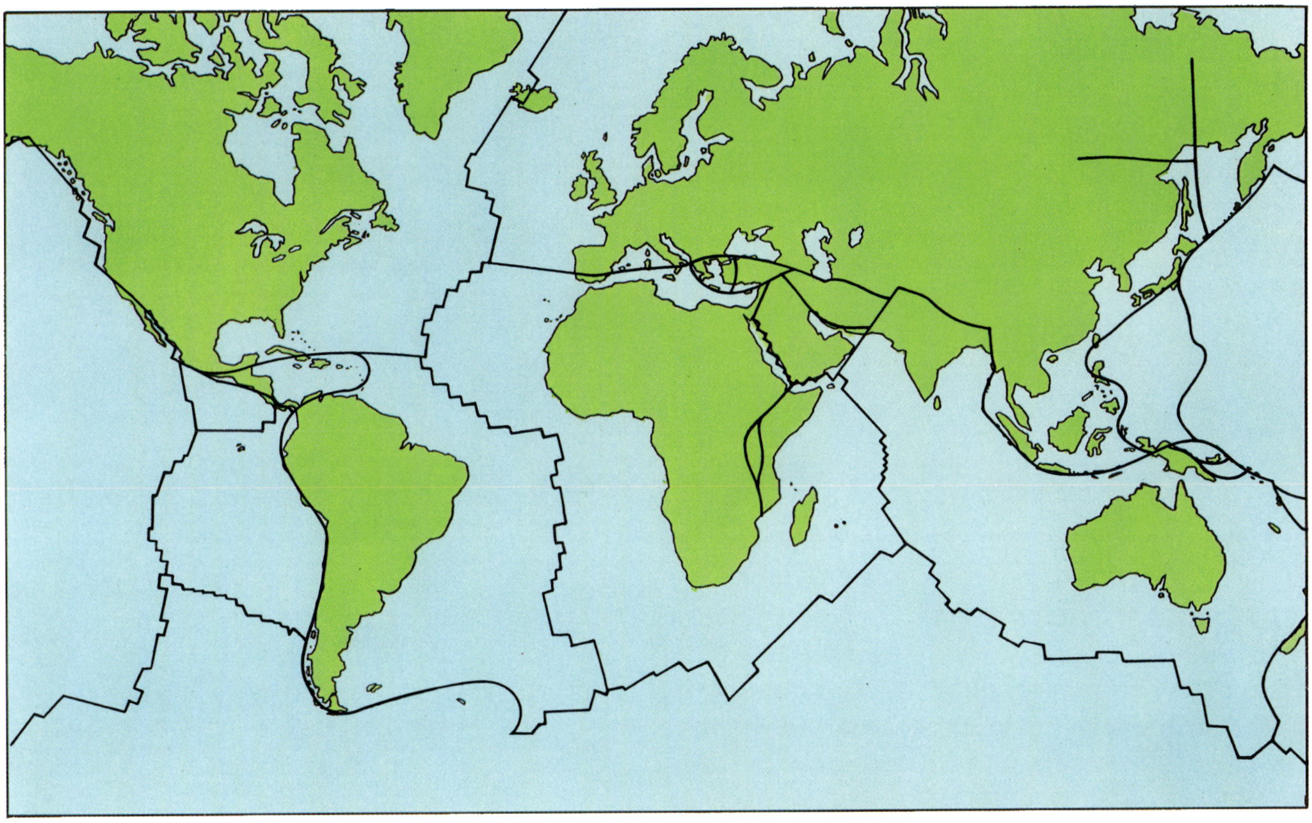

△ Planisphère montrant les limites des principales plaques tectoniques. Volcans, séismes et chaînes de montagnes sont caractéristiques des régions limitrophes.

MOUVEMENT DES PLAQUES

Il arrive qu'en bordure des plaques en mouvement, des phénomènes violents et spectaculaires se produisent. Les poussées mutuelles exercées par les plaques sont suffisantes pour faire surgir de grandes chaînes montagneuses. Les énormes pressions régnant dans le manteau provoquent des éruptions volcaniques entre les plaques. Soumises à des tensions importantes, les plaques peuvent se rompre et causer des séismes.

Aujourd'hui

LE SAVIEZ-VOUS ?

Les roches constituant l'écorce terrestre sont formées de cristaux. Certaines, telles que le quartz et le sable, sont à l'évidence cristallines. La structure cristalline des autres n'apparaît qu'au polissage, à la coupe fine et à l'examen à l'aide d'un microscope puissant (à gauche).

SÉISMES

Le degré d'intensité des séismes s'étend de la simple trépidation aux vibrations violentes qui provoquent l'effondrement des bâtiments et l'apparition d'énormes fractures dans le sol. Heureusement, bien qu'ils puissent provoquer des raz de marée atteignant les côtes, la plupart d'entre eux se produisent sous l'océan.

△ Pertes de vies, bâtiments effondrés et routes fracturées à la suite du tremblement de terre de Mexico en 1985.

LEURS CAUSES

Les séismes se produisent aux lisières des plaques, là où celles-ci exercent sur leurs voisines des pressions dans le cadre de la dérive des continents (voir page 8).

Les roches, élastiques, se compriment sous l'effet de ces pressions durant des siècles, voire des millénaires. Mais finalement l'effort imposé est trop important, les roches se fracturent et changent de position en libérant sous forme de séisme une énergie de compression. Les vibrations rayonnent à partir du centre en provoquant de violents tremblements de terre. L'hypocentre ou foyer du séisme est le point à l'intérieur du globe où se poursuit le choc initial. L'épicentre est le point de la surface terrestre le plus rapproché du foyer. C'est là que le séisme est le plus ressenti et le plus ravageur.

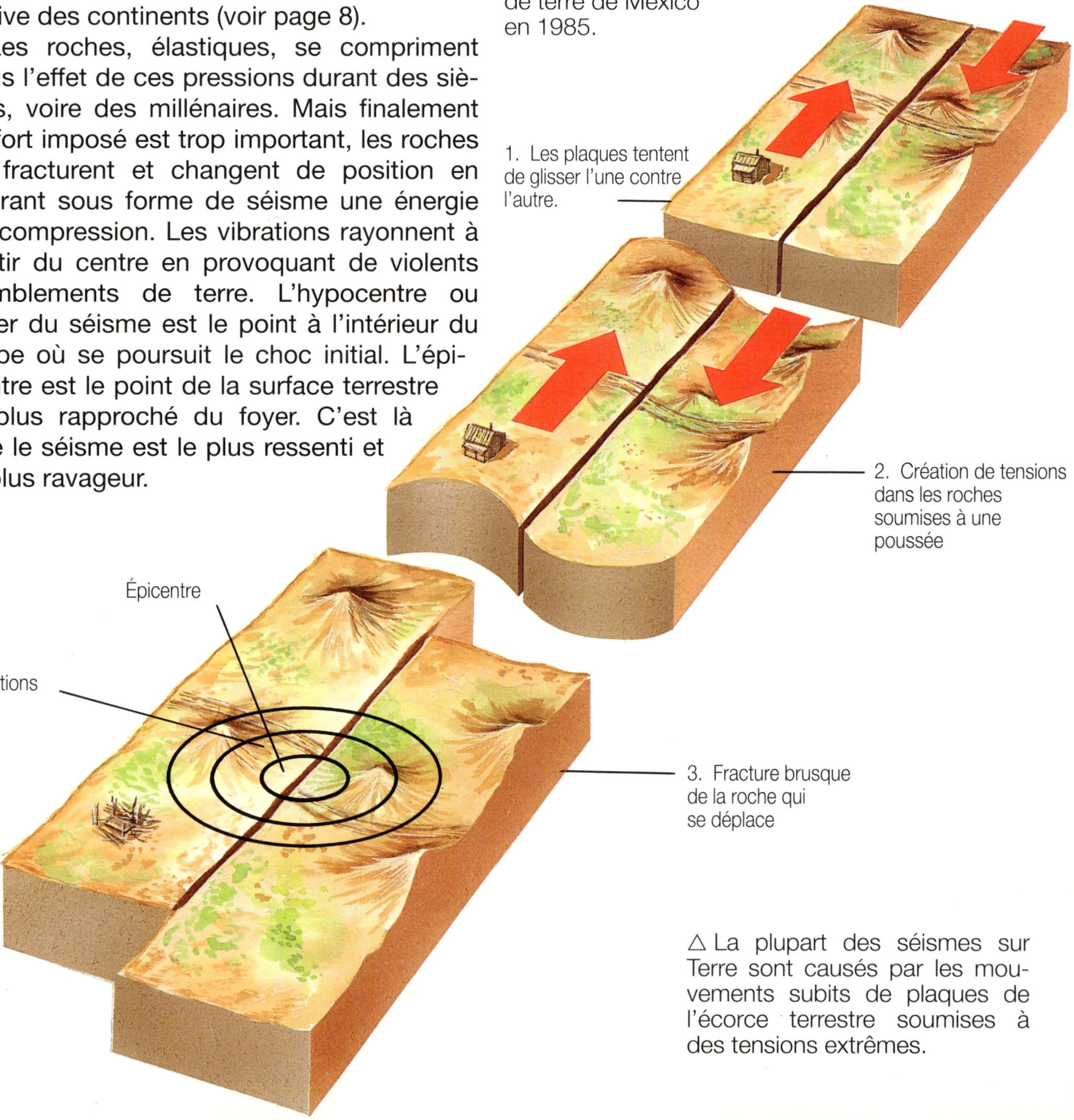

△ La plupart des séismes sur Terre sont causés par les mouvements subits de plaques de l'écorce terrestre soumises à des tensions extrêmes.

MESURE DES SÉISMES

Heure, durée et amplitude d'un séisme peuvent être mesurées à l'aide de sismographes. La plupart de ceux-ci sont munis de styles dont les traces sinueuses s'appellent des sismogrammes. Instrument très lourd, et bien que suspendu tel un pendule, le sismographe tend vers l'immobilité tandis que ses composants se meuvent rapidement sous l'influence des trépidations terrestres.

L'intensité d'un séisme en un point donné était mesurée suivant une échelle dite de Mercalli, comportant 12 degrés. Elle est aujourd'hui exprimée suivant l'échelle de Richter, une échelle logarithmique graduée de 1 à 9 qui mesure l'énergie libérée.

△ Les secousses sismiques sont causées par des ondes de choc se propageant rapidement à travers le sol. Un sismographe enregistre ces secousses sous forme d'une succession d'ondes.

TENTEZ DE SIMULER UN SÉISME

Pour représenter les mouvements latéraux des roches qui provoquent la plupart des séismes, trouvez deux blocs de bois parallélépipédiques et une feuille de papier. Placez les blocs côte à côte et collez-y le papier en veillant à ce que la colle ne s'insère pas entre les blocs. Placez quelques punaises à l'envers sur le papier, puis imitez les forces qui s'exercent sur les plaques tectoniques en poussant les blocs dans des sens opposés. Au début, le papier résiste, puis il se déchire subitement, séparant les blocs et culbutant les punaises.

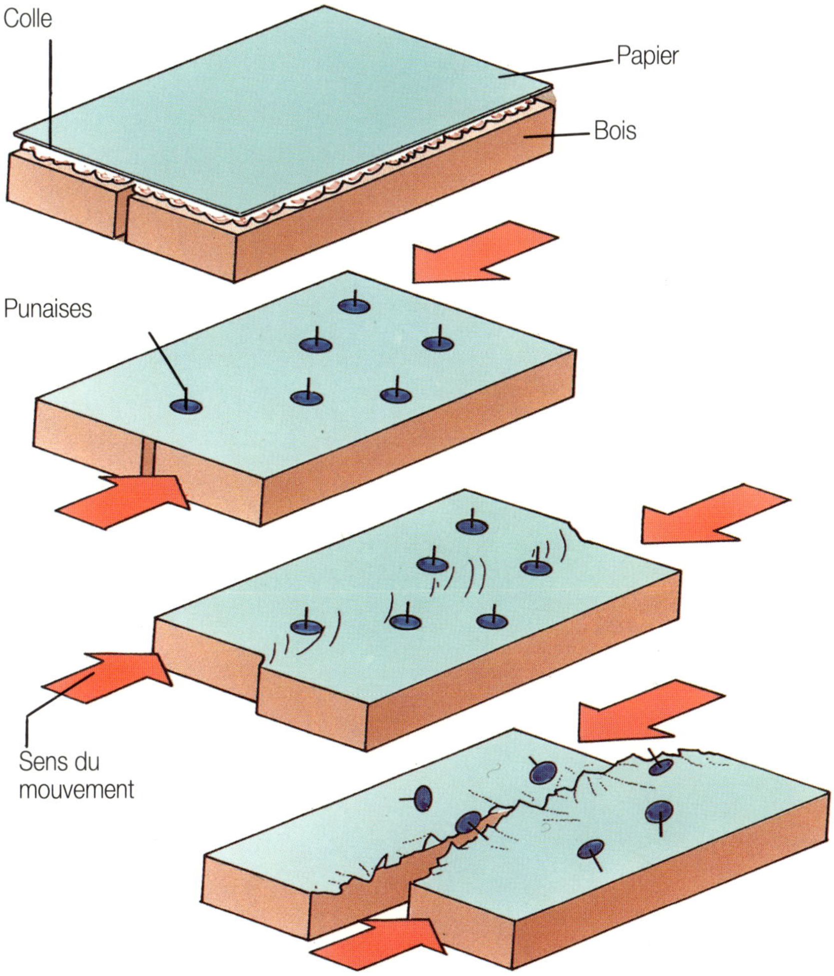

Un volcan se forme lorsqu'une fracture dans l'écorce terrestre permet l'ascension du magma vers la surface. Sur terre, il se peut que cendres et fumée fassent irruption dans l'air. Puis le magma, appelé lave à la surface, surgit du volcan. Les volcans sous-marins provoquent de grands nuages de vapeur propulsés vers la surface.

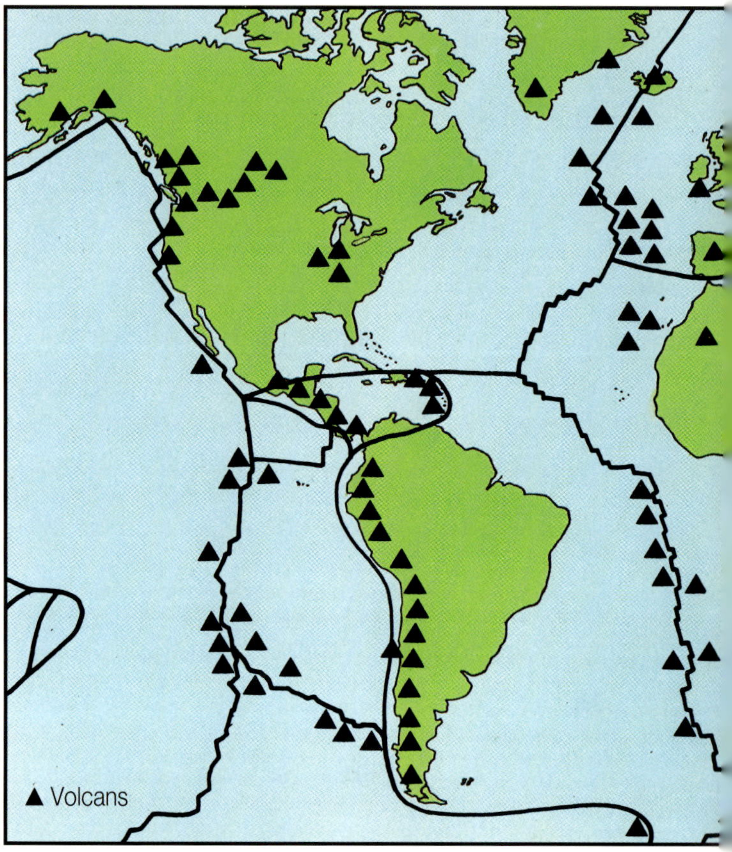

▽ Il existe plus de 2 000 volcans sous l'océan. La plupart des volcans terrestres se situent dans des chaînes montagneuses telle la Cordillère des Andes.

FORMATION DES VOLCANS

Sous le volcan se trouve une cavité appelée chambre magmatique remplie de roche en fusion, point faible de l'écorce terrestre et parfois situé sous les dorsales océaniques, là où des plaques tectoniques se séparent. Le magma est sous pression et moins dense que le manteau de sorte qu'il monte graduellement, créant souvent des fractures ou des fissures dans l'écorce. La production de gaz et la montée en puissance de la pression qu'ils exercent se traduisent finalement par une éventration de la surface.

À ce stade, le volcan vomit des gaz, de la poussière et des fragments rocheux. La lave qui s'écoule d'une fracture sur une plaine forme un plateau de lave. La lave qui s'accumule autour de la cheminée forme une montagne conique caractéristique.

▽ De nombreux volcans prennent la forme de montagnes coniques. Si la cheminée s'obstrue, le volcan peut exploser violemment.

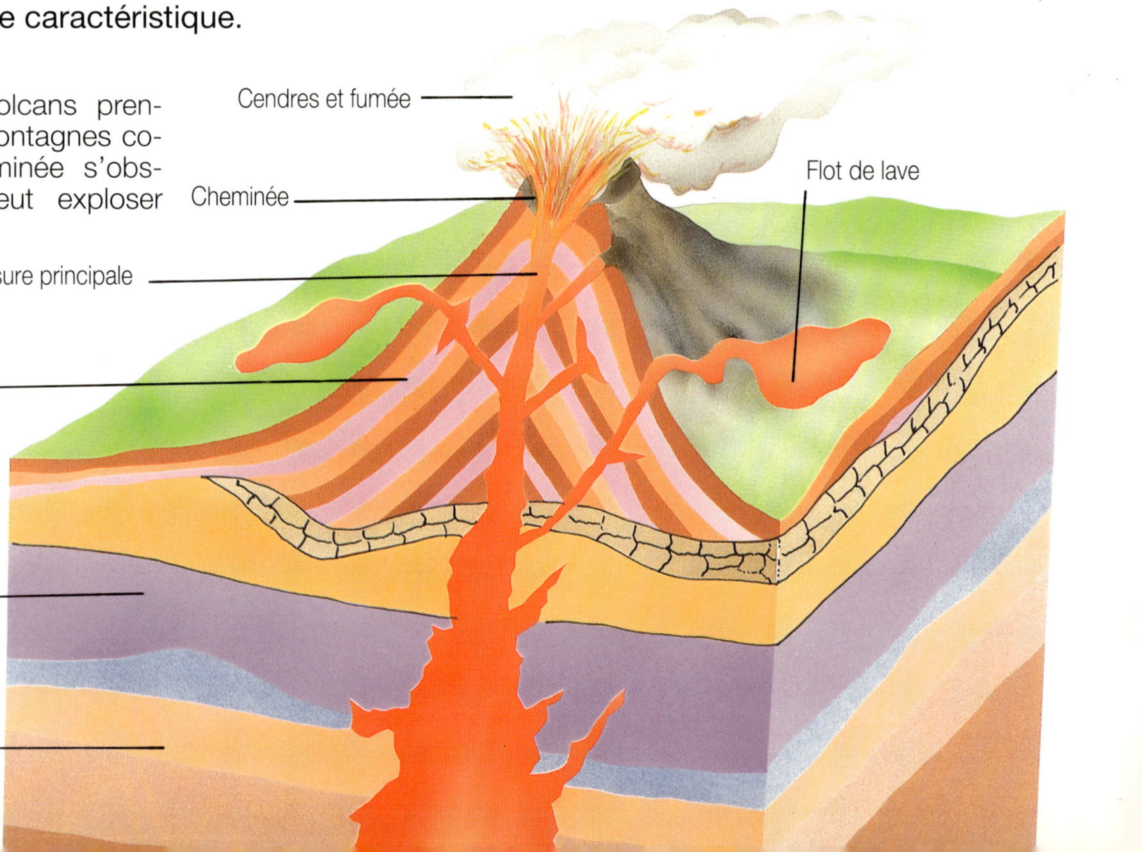

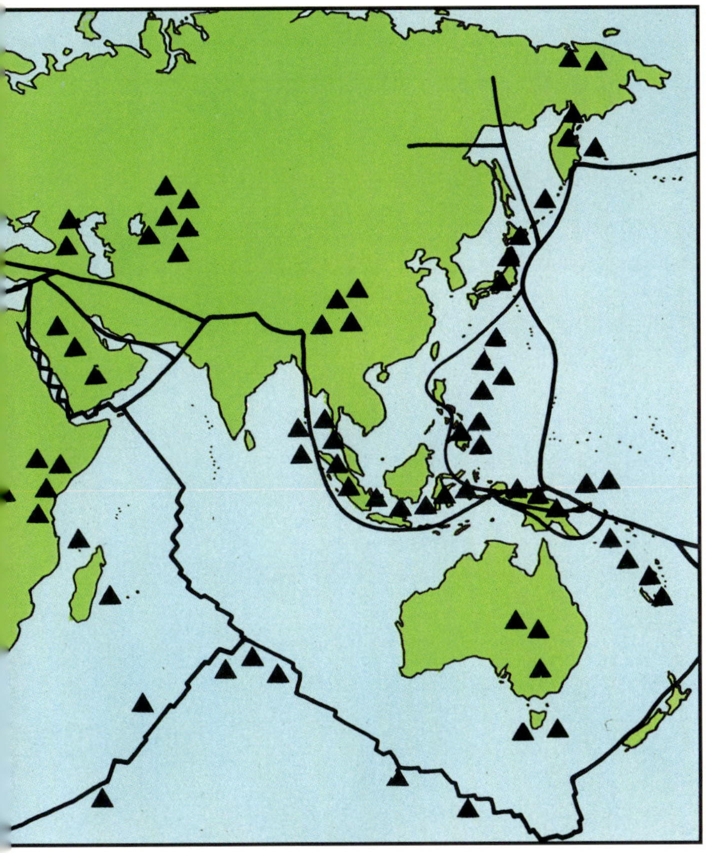

LES RAVAGES

Une éruption volcanique soudaine et inattendue peut recouvrir la région environnante de cendres brûlantes. L'éruption du Vésuve en 79 av. J.-C. submergea ainsi Pompéi en Italie. Une catastrophe bien plus récente se produisit le 18 mai 1980 au mont Saint Helens dans le nord-ouest des États-Unis et en détruisit un flanc entier. Un nuage gazeux chauffé à blanc mêlé à du magma poudreux étouffa tout dans un rayon de 8 km. On estima la puissance de l'explosion à celle de 500 bombes d'Hiroshima. Un autre danger engendré par les volcans est l'incendie causé par les roches en fusion éructées ou des coulées de lave sur les flancs des collines.

▽ Des milliers d'étincelles et des morceaux de roche en fusion sont propulsés très haut et créent un immense feu d'artifice lorsqu'un volcan se réveille.

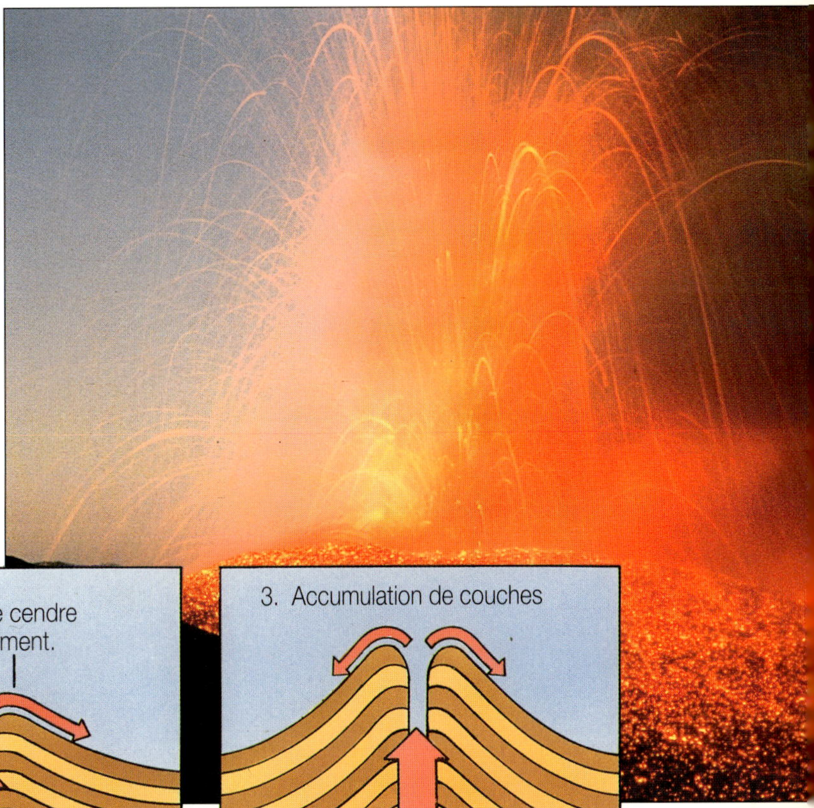

LEUR LOCALISATION

Plus de la moitié des volcans se situent sur une ceinture, appelée le Cercle de feu, autour de l'océan Pacifique. Les franges des plaques s'y superposent et sont entraînées dans le manteau. L'ancienne croûte fond et une pression immense peut provoquer l'ascension du magma vers la surface. Le long de ces crêtes océaniques, l'écorce terrestre est mince et le magma remonte pour constituer une chaîne de volcans.

▽ Des couches de cendres soudées à de la lave solidifiée balisent les flancs de la cheminée.

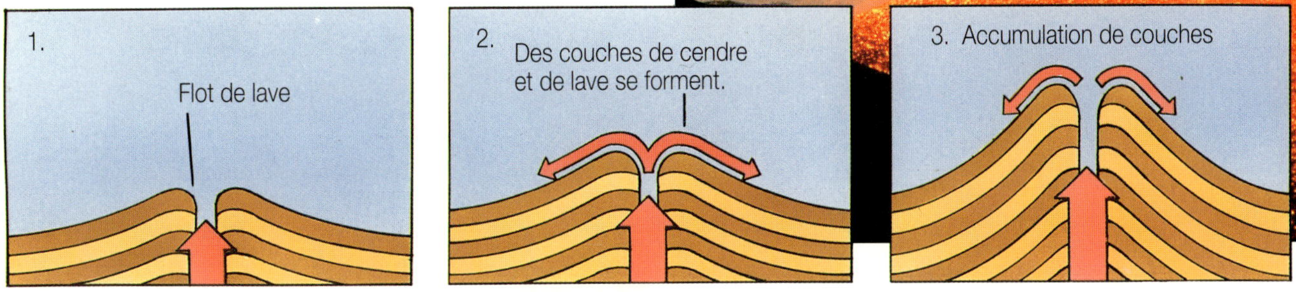

FORMATION DES ROCHES

L'écorce terrestre est faite de roches et celles-ci de minéraux, des composés chimiques élaborés au sein de la Terre. Les roches se classent en roches ignées, métamorphiques et sédimentaires. Chaque classe renferme des minéraux spécifiques. Les roches sont perpétuellement créées et détruites au cours du «cycle rocheux».

△ Ces montagnes sont de granite, une roche ignée et dure formée de magma issu du manteau, formant la croûte terrestre en se refroidissant.

ROCHES IGNÉES

Les roches ignées naissent de magma sorti des entrailles de la Terre, refroidi et solidifié pour former la croûte terrestre. Lorsque le magma est propulsé sous forme de lave par la cheminée d'un volcan, il se pétrifie à mesure qu'il se refroidit. Toutes les roches ignées sont essentiellement siliceuses. Les plus riches en silicium, telles que le granite, sont de teinte claire et appelées roches acides. Les roches basiques sont foncées.

Butte granitique
(ignée)

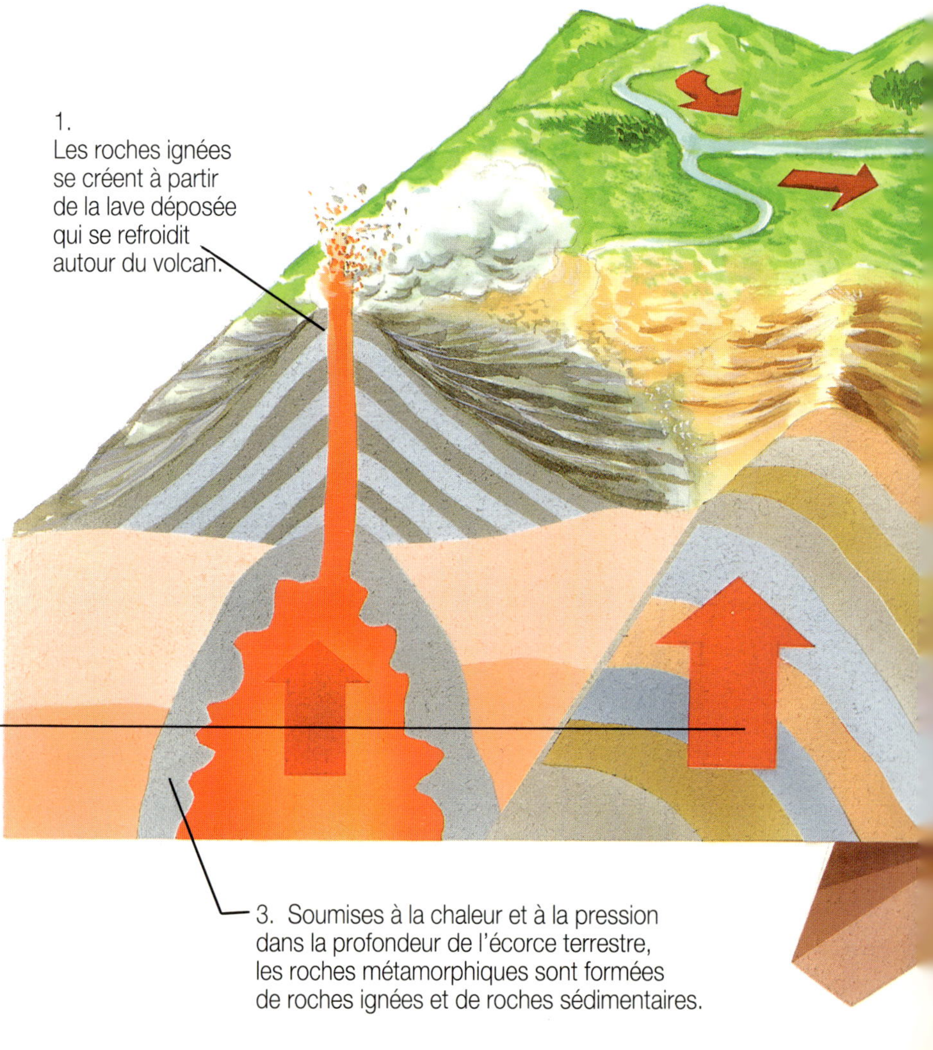

Le cycle rocheux

▷ Différents types de roches se forment à partir des roches existantes au cours d'un processus continu appelé le cycle rocheux.

ROCHES MÉTAMORPHIQUES

Les roches métamorphiques se constituent lorsque les conditions régnant au sein de la croûte terrestre modifient d'autres roches. Au sein de la Terre, chaleur et pression peuvent transformer les minéraux dans les roches, par exemple les roches sédimentaires carbonatées en marbre, une roche cristalline. La pression sous les montagnes favorise la formation des cristallophylliennes comme le micaschiste ou l'ardoise, disposées en lits.

ROCHES SÉDIMENTAIRES

Le vent et la pluie provoquent l'érosion de la surface terrestre. Les roches sont graduellement réduites en grains, que les fleuves emportent vers la mer, et forment des sédiments. L'accumulation de sédiments provoque l'écrasement des couches sous-jacentes et finalement leur transformation en roches sédimentaires, telles que le calcaire et le grès, que les mouvements de l'écorce terrestre peuvent faire apparaître à la surface.

Marbre

L'argile, une roche sédimentaire, se transforme en ardoise.

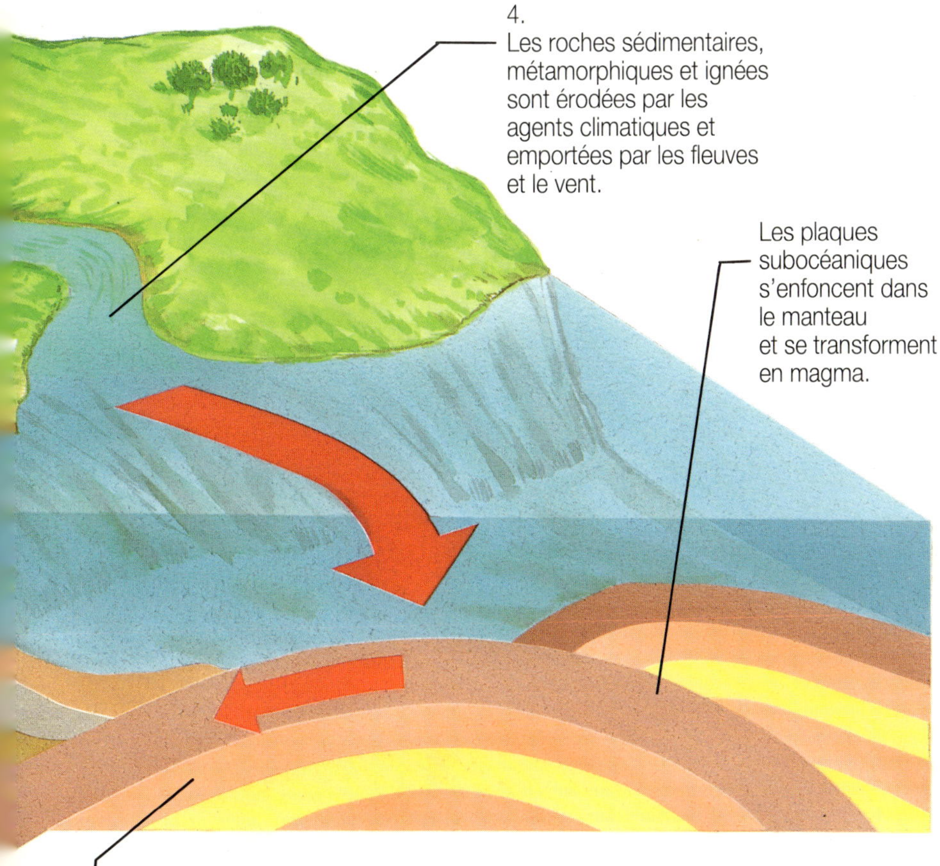

5. Sous la pression des couches accumulées de sédiments, les roches sédimentaires finissent par se former.

LE SAVIEZ-VOUS ?

Les restes d'animaux morts peuvent être enfouis dans les sédiments qui se transforment ultérieurement en roches sédimentaires. Leurs composants durs tels que les os et les coquilles peuvent devenir progressivement des fossiles. Feuilles, grains de pollen et même œufs de dinosaures peuvent également se fossiliser.

PLISSEMENTS ET FAILLES

Les roches sédimentaires sont à l'origine faites de strates. Mais les pressions exercées par les mouvements des plaques tectoniques peuvent provoquer l'apparition de plissements. Les roches peuvent aussi se fissurer et donner naissance à des failles; ces phénomènes sont à l'origine de la formation de collines, de vallées etc.

△ La faille de San Andreas (de haut en bas sur la photo) est soumise à des mouvements latéraux générateurs de séismes, tels que celui qui a dévasté San Francisco en 1989.

PLAQUES EN COLLISION

La plupart des plissements sont dus aux mouvements des plaques de l'écorce terrestre. Si le mouvement latéral qui en résulte est faible, une suite d'ondulations légères est produite. Des mouvements plus amples déforment davantage les strates et provoquent l'apparition d'anticlinaux et de synclinaux qui peuvent former montagnes et vallées profondes. Puis, au cours des millénaires, le vent et la pluie érodent les montagnes en exposant les strates inclinées comme des bandes rocheuses.

Des plissements apparaissent lorsqu'un «bouchon» de roches ignées ou de sel gemme subit une poussée et transmet celle-ci aux couches supérieures des roches sédimentaires qui s'incurvent en dôme. Les tensions auxquelles sont soumises les couches supérieures du dôme y provoquent l'apparition de failles. Il arrive que le bouchon traverse le sommet du dôme. Les bouchons salins situés sous des roches imperméables peuvent confiner du gaz naturel et du pétrole.

▽ Lorsqu'une des immenses plaques tectoniques glisse sous une plaque continentale, le bord de la plaque supérieure se plisse. C'est ainsi que se forment la majorité des montagnes.

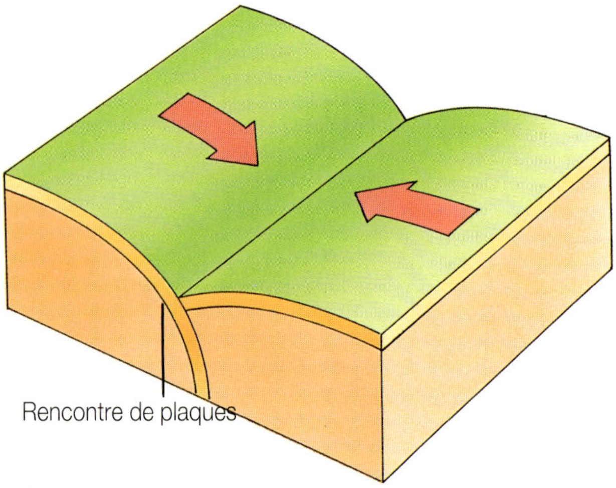

1.

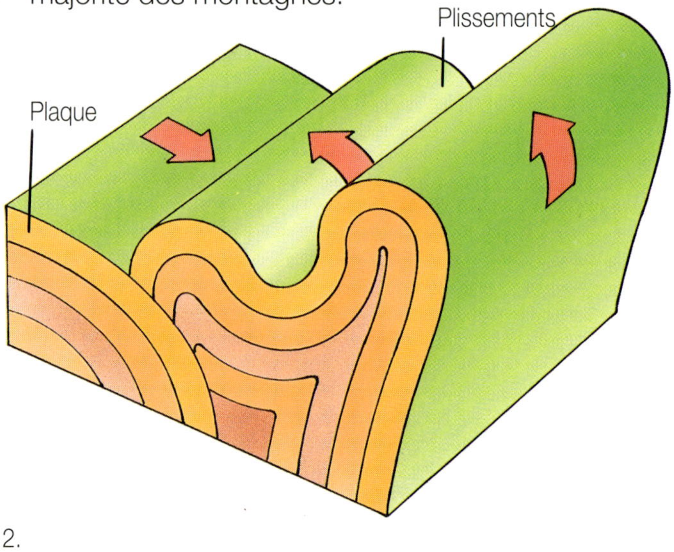

2.

RUPTURE DE ROCHES

Lorsque des zones rocheuses sont soumises à des tractions ou des pressions, un bloc de roche peut s'en détacher et glisser dans les failles (failles normales) ou, si l'angle entre les failles est ouvert vers le haut, remonter (failles inverses).

Des glissements horizontaux de grands blocs accolés provoquent une faille transformante pouvant être à l'origine de séismes.

▽ La descente d'un bloc (1) crée une vallée. Une poussée ascensionnelle (2) peut faire naître des collines et des glissements horizontaux (3), provoquer des séismes.

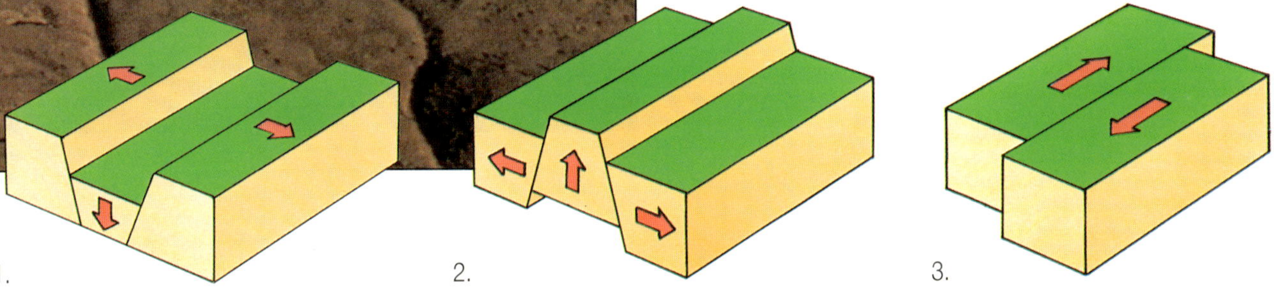

1. 2. 3.

FORMATION DES FAILLES

Prenez trois morceaux de carton. Coupez deux d'entre eux à un angle de 45° et dans le troisième, découpez un triangle que vous transformez en trapèze. Le schéma vous indique les figures à obtenir. Disposez ces trois morceaux sur une surface plane et tentez successivement les trois expériences représentées ci-contre en poussant l'un vers l'autre les deux cartons extérieurs qui représentent les plaques tectoniques. Voyez vous-même les résultats.

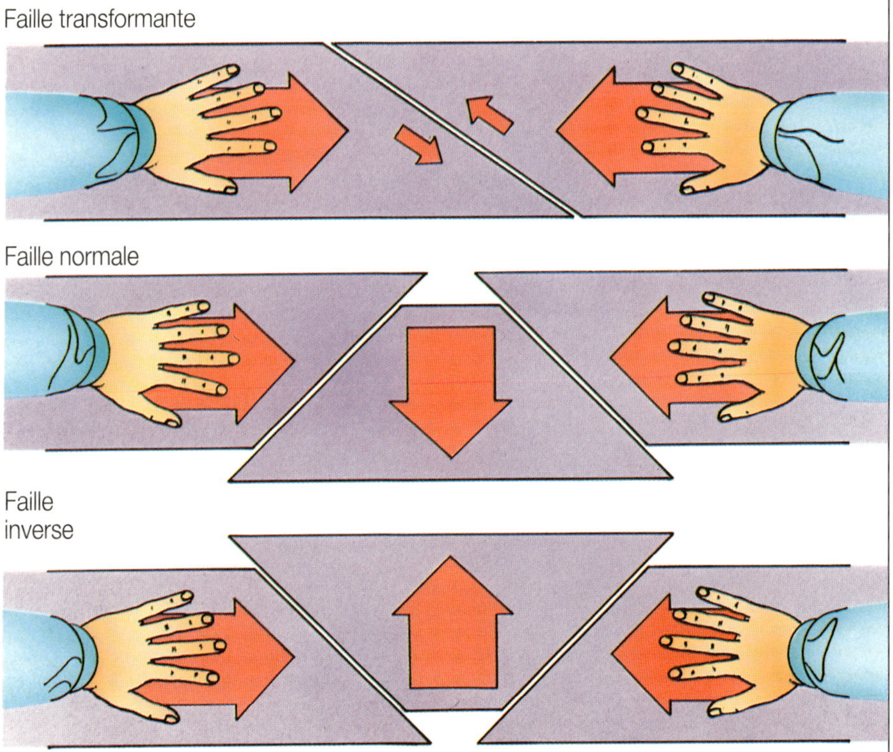

Les montagnes sont formées par des plissements et des failles. Le phénomène est brutal lorsque deux plaques se heurtent et que le bord de l'une d'elles se froisse pour donner des chaînes de plissements montagneux. Les failles peuvent donner naissance à des horsts et la pression ascensionnelle du magma à des montagnes arrondies.

△ L'Himalaya, une chaîne de montagnes qui s'étend le long du sous-continent indien, comprend le mont Everest (8 848 m), la plus haute montagne du monde.

PLISSEMENTS MONTAGNEUX

En lisière d'un continent, là où deux plaques se rencontrent, la plaque continentale s'élève au-dessus de la plaque océanique. La pression continue exercée sur la plaque continentale provoque déformation et apparition d'une chaîne de montagnes. Elle affecte aussi le plateau continental et y crée des plissements montagneux. Les Andes en Amérique du Sud sont nées de ce processus.

Lorsque deux plaques continentales se heurtent, elles ne se chevauchent pas. Elles accentuent leur poussée et les énormes pressions qu'elles créent provoquent le plissement de leurs lisières et la naissance de grandes chaînes de montagnes. L'Himalaya en Asie et les Alpes en Europe témoignent de ce processus. Ces deux chaînes sont relativement jeunes et leur érection se poursuit aujourd'hui.

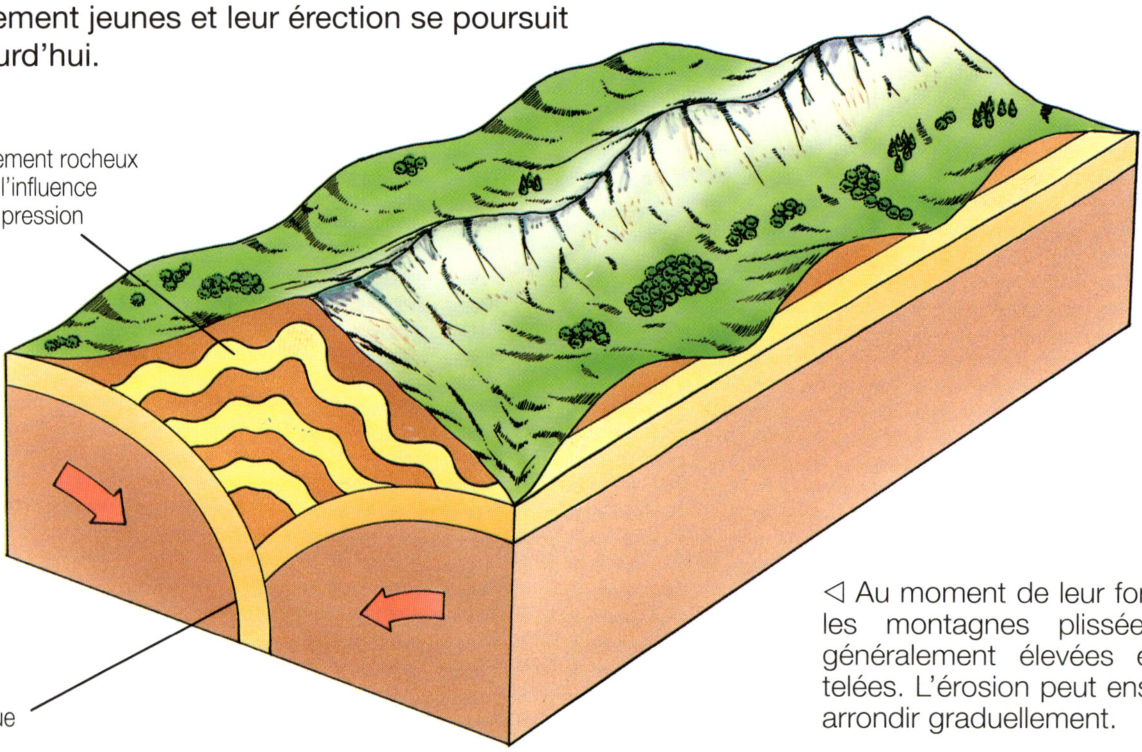

◁ Au moment de leur formation, les montagnes plissées sont généralement élevées et dentelées. L'érosion peut ensuite les arrondir graduellement.

HORSTS

La montagne la plus élevée d'Afrique est le Kilimandjaro. Malgré sa proximité de l'équateur, elle est tellement haute (5 985 m) que son sommet est perpétuellement recouvert d'une couche de neige dont l'épaisseur atteint 60 m. Le Kilimandjaro est un volcan éteint faisant partie d'un horst constituant la lisière orientale d'un graben du Grand Rift. Graben et horst se sont constitués lorsque le fond du fossé tectonique s'est enfoncé dans de larges failles.

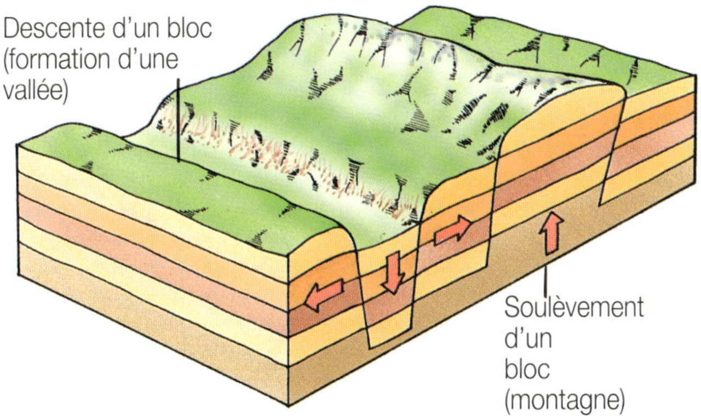

△ Les horsts apparaissent le long d'un rift. Ils peuvent s'élever sous la pression du magma sous-jacent.

▽ Les montagnes arrondies, nées des pressions sous-jacentes furent d'abord une succession de collines que le vent et le climat ont érodées.

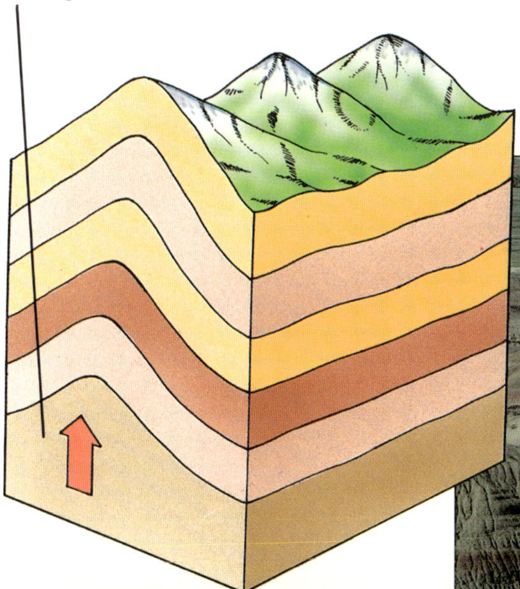

△ Le Grand Rift s'étend sur la plus grande partie de l'Afrique orientale. Il fut formé lorsque des blocs de roche s'enfoncèrent entre les failles.

MONTAGNES EN DÔME

Il arrive qu'une masse importante de magma se concentre sous la croûte terrestre pour constituer une chambre magmatique. À mesure de sa croissance, cette chambre accentue sa pression sur les couches rocheuses qui la surmontent et les force à s'arquer. Ainsi naissent à la surface des montagnes en dôme telles que les Black Hills dans le Dakota du Sud aux États-Unis. Actuellement ces montagnes sont des ballons de roche dure, subsistant après l'érosion des couches superficielles plus tendres.

▽ L'érosion a emporté les roches plus tendres des Black Hills du Dakota du Sud, laissant des dizaines de montagnes en dôme.

OCÉANS

Les trois quarts de la surface du globe sont recouverts par les océans. Ceux-ci remplissent de vastes bassins d'une profondeur moyenne de 4 km et reposent sur une couche de la croûte terrestre. Mais la croûte océanique n'a une épaisseur que de 6 à 8 km (35 à 40 sous la terre ferme).

L'ÉCORCE SUBOCÉANIQUE

Les roches composant le fond de l'océan sont en mouvement. Nombre de lisières interplaques se situent en bordure des océans ou constituent des crêtes au milieu de ceux-ci, les dorsales océaniques. Ces dorsales sont le siège de mouvements magmatiques ascensionnels qui en écartent les lisières. Ce mouvement, qui correspond à l'extension des fonds océaniques, provoque l'agrandissement graduel des principaux océans mondiaux. À d'autres endroits, une plaque peut créer un fossé océanique profond. La fosse des Mariannes dans le Pacifique a une profondeur de 7 000 m (11 000 m sous le niveau de la mer). Ces deux types de limites interplaques peuvent être le siège de volcans sous-marins dont la croissance est à l'origine de chaînes d'îles nouvelles ou de récifs coralliens.

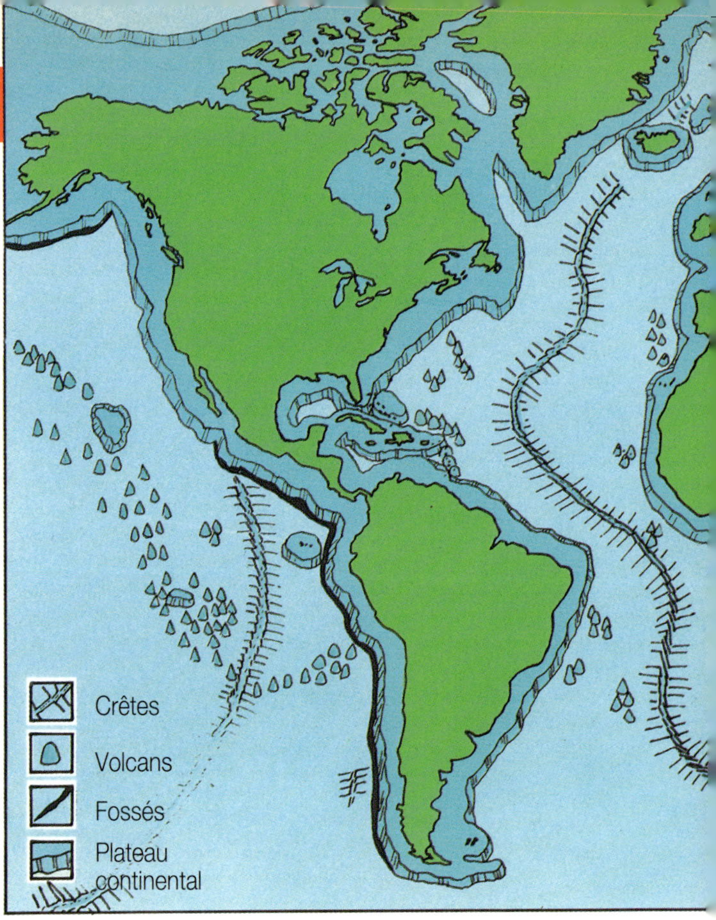

△ Planisphère montrant les océans et la correspondance entre les crêtes et fossés et les limites des plaques.

▽ Le fond océanique n'est pas plan. Il est hérissé de falaises, volcans, montagnes et creusé de vallées profondes comme la terre ferme.

ÎLES DE CORAIL

Le corail est formé des squelettes pétrifiés de millions de créatures marines appelées polypes. Ceux-ci ont besoin de lumière solaire et ne peuvent vivre qu'en eau peu profonde. Une île de corail ne peut surgir au milieu de l'océan que sur ou aux environs d'une éminence. Le mouvement d'une plaque océanique force le volcan à «couler» à mesure que son support d'écorce s'enfonce dans le manteau. La croissance du corail commence par constituer un récif frangeant, puis une barrière de récifs et finalement un atoll à mesure que le sommet du volcan est arasé. L'atoll prend la forme d'un récif circulaire entourant un lagon peu profond à cause des dépôts sédimentaires.

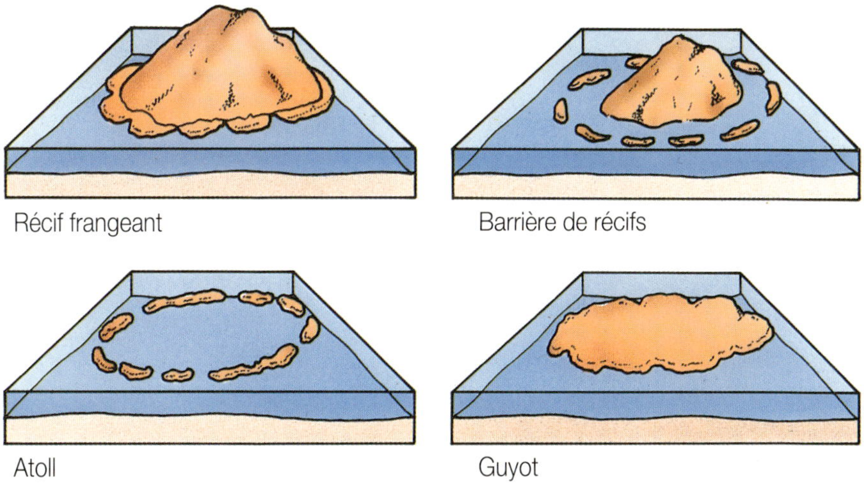

◁ Les schémas montrent les stades d'évolution du relief corallien; du récif frangeant au guyot. Cet atoll est l'un des nombreux atolls de l'océan Pacifique.

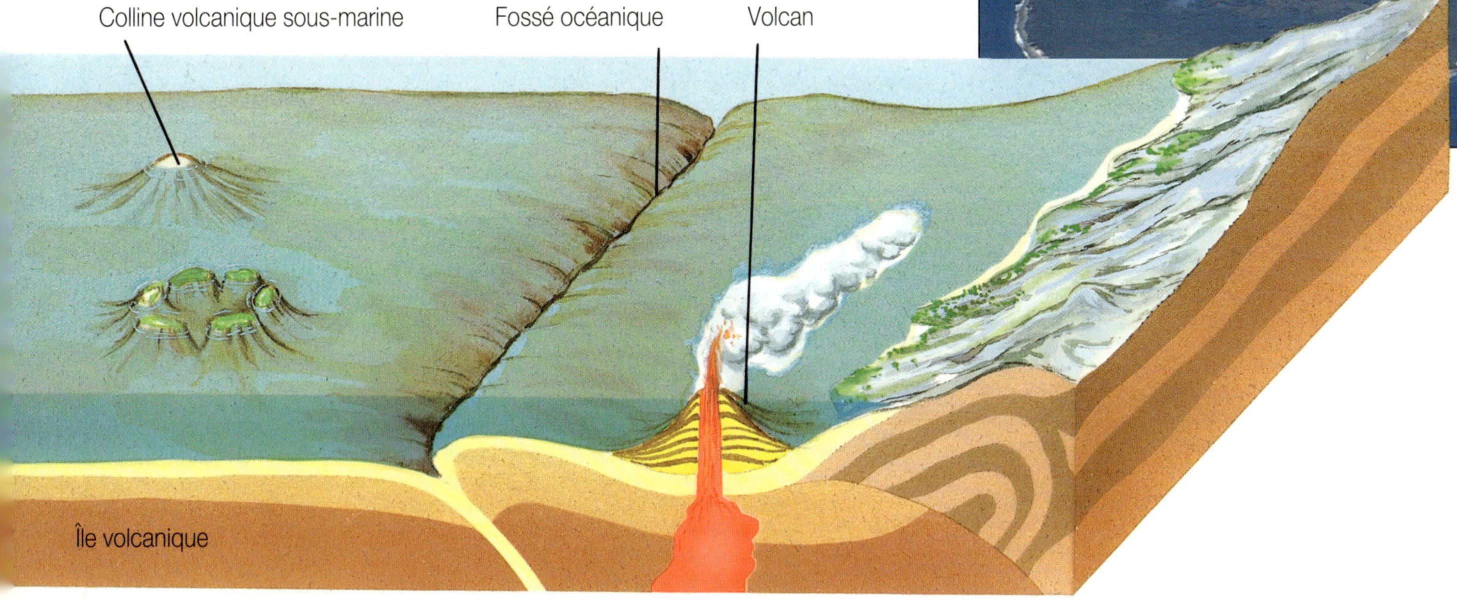

ÉROSION ÉOLIENNE

Les mouvements tectoniques donnent au paysage son aspect original que différents types d'érosion pluviale, éolienne, marine, glaciaire modèlent ensuite. L'érosion éolienne est particulièrement marquée dans les régions sèches, déserts notamment, où le sable soufflé par le vent sculpte les roches en formes étranges.

△ Les traits de ce paysage désertique résultent de l'action conjuguée du vent et du sable qui, en sculptant les roches, leur donne des aspects fantastiques, comme ces mesas (collines à sommet plat) et ces buttes (colonnes étroites).

PAYSAGES DÉSERTIQUES

Dans les déserts chauds et sablonneux, un vent continu crée des rangées de dunes transversales ressemblant à des vagues océaniques immobilisées. Un vent turbulent préside à la formation de crêtes sablonneuses arquées surmontées d'une arête dorsale saillante ou de barkhanes en forme de croissant.

Le vent crée aussi des tourbillons de sable grossier jusqu'à un mètre du sol. Le choc de ces particules en mouvement contre un pilier rocheux en érode la partie inférieure et le sculpte en forme de piédestal.

La face des galets exposée aux vents dominants subit un polissage graduel. Si le galet change de position, le polissage se poursuit sous un autre angle jusqu'à ce que le galet acquière cette forme particulière dénommée dreikanter. Des glacis rocheux émergent parfois des reliefs à pente raide appelés inselbergs.

▷ Les formes des dunes de sable dépendent de la direction du vent et de sa turbulence. Le vent, en projetant du sable sur les roches, les décape, les polit et leur donne des formes variées.

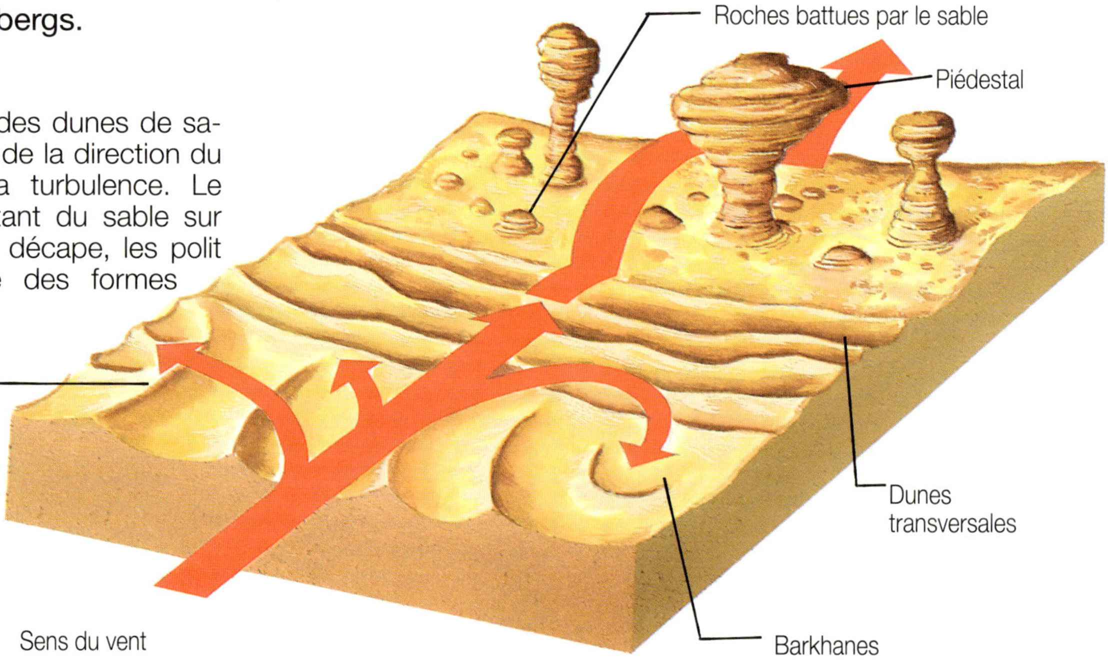

LE SAVIEZ-VOUS ?

Le sablage est une application industrielle dans le nettoyage des métaux et des bâtiments. Le sable projeté par de l'air comprimé exerce une action similaire aux processus naturels d'érosion des roches dans les régions désertiques.

COMMENT FABRIQUER UN PAYSAGE DÉSERTIQUE

Vous pouvez imiter l'action de l'érosion éolienne et fabriquer votre propre décor désertique. Prenez une boîte ou un plateau et placez-y quelques piliers de pâte à modeler (1). Semez du sable dans la boîte jusqu'à ce que les piliers soient recouverts (2). Puis posez la boîte sur des feuilles de journal, prenez un sèche-cheveux pour remplacer le vent (3). Dirigez le flux d'air vers le sable et attendez que des dunes se forment et dégagent les piliers ensablés.

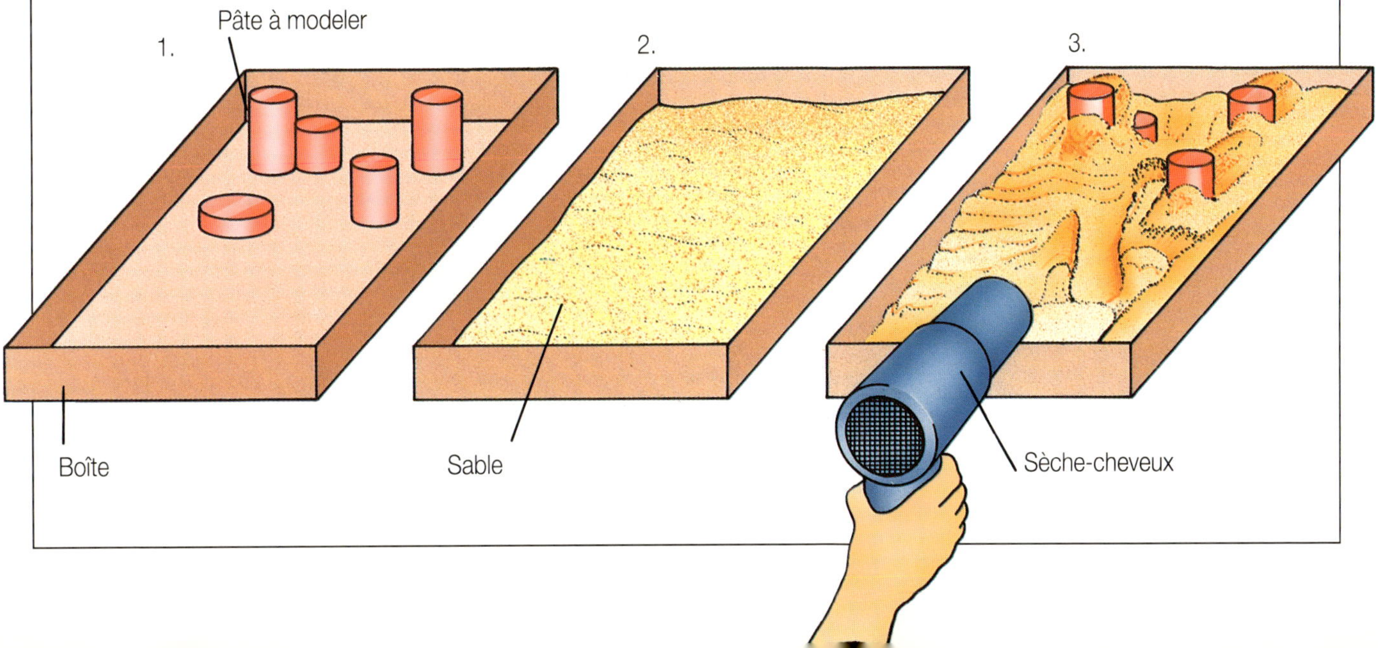

ÉROSION PLUVIALE ET GLACIAIRE

L'eau est l'un des facteurs d'érosion les plus puissants. L'eau courante emporte sol et particules rocheuses sur des centaines de kilomètres en suivant les vallées fluviales. Congelée, l'eau fissure et fait éclater des roches ou se fraie un chemin en descendant lentement un flanc de montagne sous forme de glacier.

△ Nombre de caractéristiques de ce paysage ont été créées par l'écoulement du fleuve dans la vallée.

LES VALLÉES

La plupart des vallées ont été creusées par l'écoulement des eaux de pluie et de source. Les rivières de montagnes jeunes se précipitent par-dessus les falaises sous forme de chutes d'eau à mesure qu'elles creusent leur lit. Les rivières forment des méandres lorsque la pente s'atténue. Les bras morts peuvent se transformer en lacs lorsque les méandres sont tellement larges et marqués que le fleuve finit par en éroder les rives et les couper pour emprunter un nouveau cours plus rectiligne. À proximité de la mer, la rivière peut s'étaler en éventail pour former un delta.

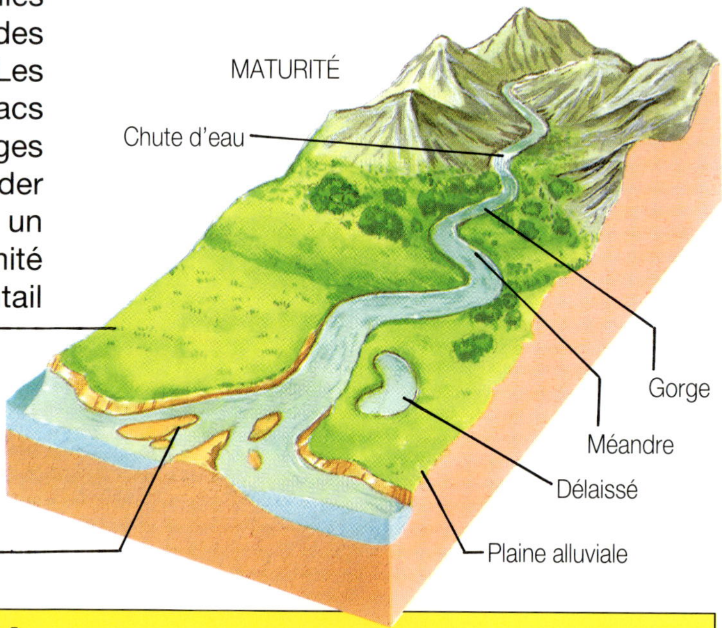

▷ Dans son cours supérieur, un fleuve jeune au courant rapide découpe gorges et canyons. Plus bas, il ralentit et devient moins profond. À l'embouchure, il peut former un delta.

LE CHEMINEMENT DE L'EAU

Vous pouvez vous attendre à ce que l'eau dévale une pente moyenne en ligne droite. Mais vous pouvez démontrer que la réalité est autre. Réalisez une pente au moyen de sable versé dans une boîte. En utilisant une cuillère, laissez couler de l'eau à partir du sommet. Versez ensuite de l'eau avec un pichet et notez la différence entre les cheminements.

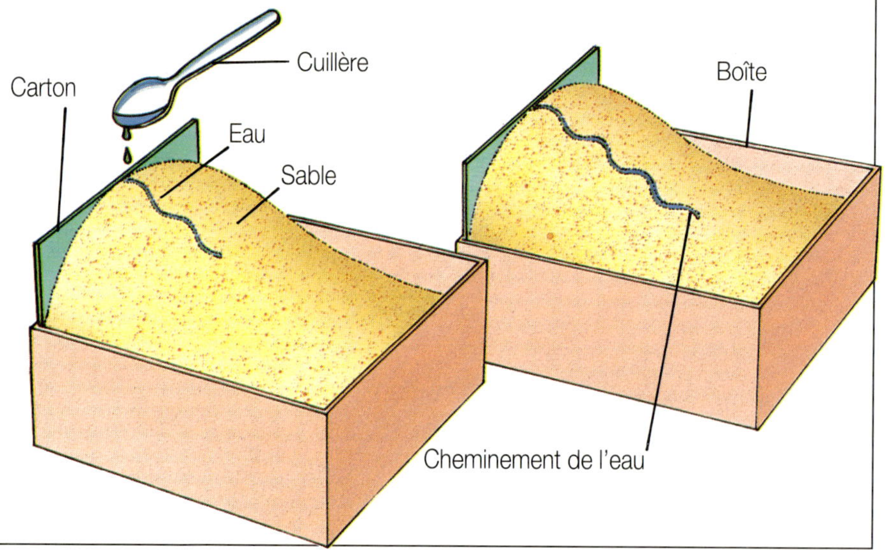

LES GLACIERS

Les glaciers sont analogues à des rivières gelées. Ils sont constitués de couches de neige superposées, comprimées par leur poids et transformées en glace. Un glacier descend très lentement la pente d'une montagne, y sculpte une vallée pour lui-même et pousse devant lui les débris des roches arrachées dans sa progression. Si un changement climatique provoque la fonte de la glace, des vallées arrondies révèlent le lit des anciens glaciers.

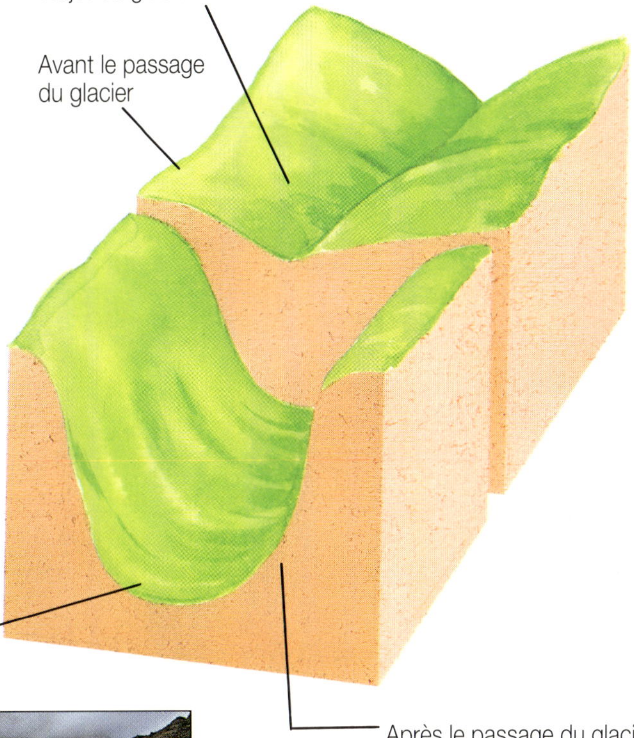

▽ La plupart des glaciers de vallées parcourent moins de 25 cm par jour. Les roches qu'ils arrachent constituent une moraine.

△ Il arrive que la vallée en U abandonnée par la fonte du glacier soit inondée à la suite d'une élévation du niveau de la mer. Elle forme alors un fjord comme en Scandinavie par exemple.

PUISSANCE DE LA GLACE

Contrairement à la plupart des substances solides, la glace augmente de volume à mesure que sa température baisse. Ceci explique pourquoi les tuyauteries d'eau peuvent crever par temps très froid; par expansion, la glace peut rompre le métal et faire éclater les roches les plus dures. En hiver, les températures basses peuvent provoquer le gel de l'eau de pluie qui a pénétré dans les fissures des roches. Si le temps se refroidit davantage, la glace fait éclater la roche.

Dans des régions comme la toundra dans le Nord, le gel est quasi permanent. Il a pour effet de déplacer et de mélanger les particules du sol. L'expansion des cristaux de glace sous les pierres tend à soulever celles-ci en surface où elles s'accumulent dans des sillons et des fractures formés entre les sommets aplatis du sol gelé.

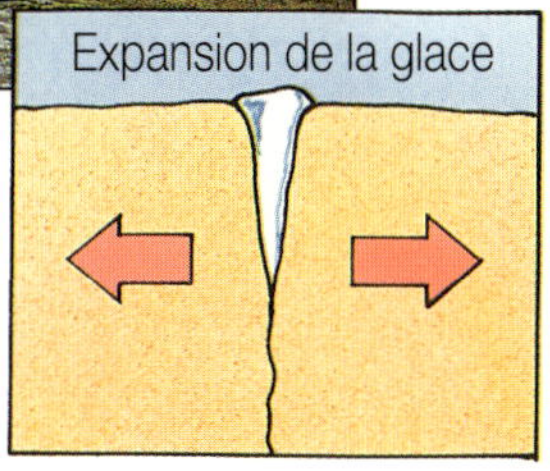

△ Le paysage formé sous l'action de la glace est typique. Ce schéma montre comment la glace peut provoquer des fractures.

ÉROSION MARINE

L'un des traits du paysage subissant l'évolution la plus rapide est la ligne côtière. Même les roches les plus dures ne peuvent pas résister aux chocs incessants des vagues provoqués par les marées et les vents. Les falaises s'effondrent, s'érodent et laissent place à de hauts rochers, des grottes et des cavernes, les plages peuvent être emportées.

△ Les falaises calcaires, érodées par les vagues prennent souvent des formes étranges. Un haut rocher peut être séparé d'un promontoire, une arche ou une grotte creusée dans la falaise.

CARACTÉRISTIQUES CÔTIÈRES

Peu de lignes côtières sont droites lors de leur formation. La plupart d'entre elles présentent des criques et des promontoires qui s'avancent dans la mer. Puis les vagues se mettent à l'œuvre.

Les vagues projetées par le vent vers un promontoire le heurtent de front puis latéralement. À la longue le promontoire s'effrite. Parfois subsiste un haut rocher ou une arche lorsque la mer a eu raison d'un promontoire étroit. Souvent des cavernes sont creusées dans les falaises en particulier si celles-ci sont constituées de roches calcaires tendres.

Même les falaises ne sont pas permanentes. L'assaut des vagues souvent mêlées de particules rocheuses creuse des échancrures au niveau de l'eau, à la base de la falaise. La roche surplombant les entailles finit par se fendre et s'effondrer dans la mer. Les constructions érigées sur des falaises côtières gravement érodées peuvent aussi s'effondrer à mesure que les falaises s'usent. Certaines falaises subissent une érosion pouvant atteindre annuellement deux mètres.

▷ Les grottes sont creusées par les vagues dans les falaises. La poussée exercée par une puissante vague de l'Atlantique peut atteindre 10 tonnes par mètre carré et transporter des galets qui battent la falaise.

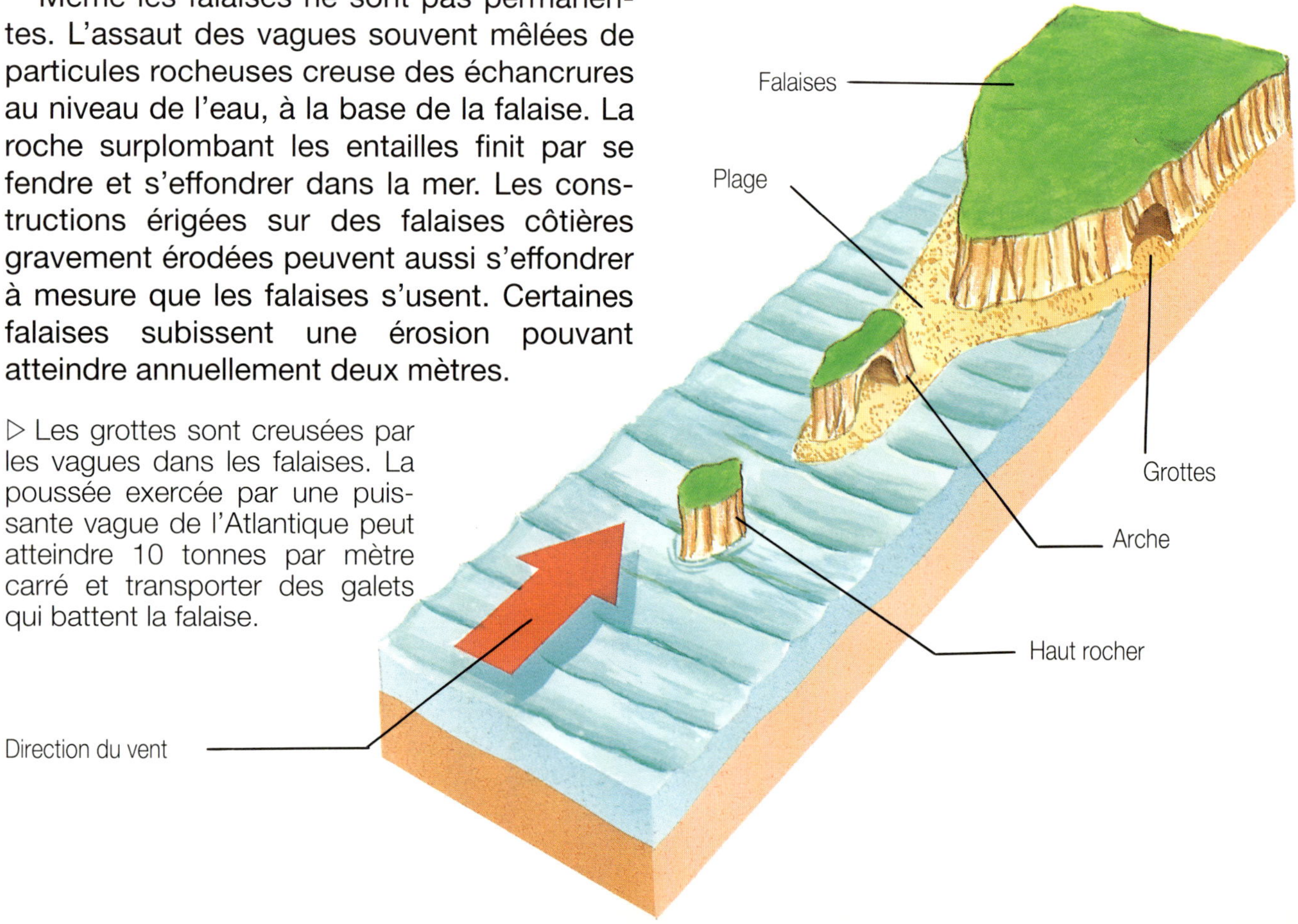

LE SAVIEZ-VOUS ?

Le martèlement incessant de la mer peut réduire des falaises rocheuses en plages sablonneuses. Les vagues assaillent continuellement la côte et en érodent lentement les falaises. La roche s'effrite et s'effondre dans la mer où les débris rocheux constamment projetés les uns contre les autres finissent par s'user et se réduire en galets puis en sable.

FABRIQUEZ VOTRE CÔTE

Fixez quelques cylindres de pâte à modeler sur le fond de la moitié d'un bac en plastique et recouvrez-les de sable. Versez de l'eau dans l'autre moitié du bac. Faites des vagues à l'aide d'un morceau de plastique rigide et voyez comment la ligne côtière s'érode graduellement.

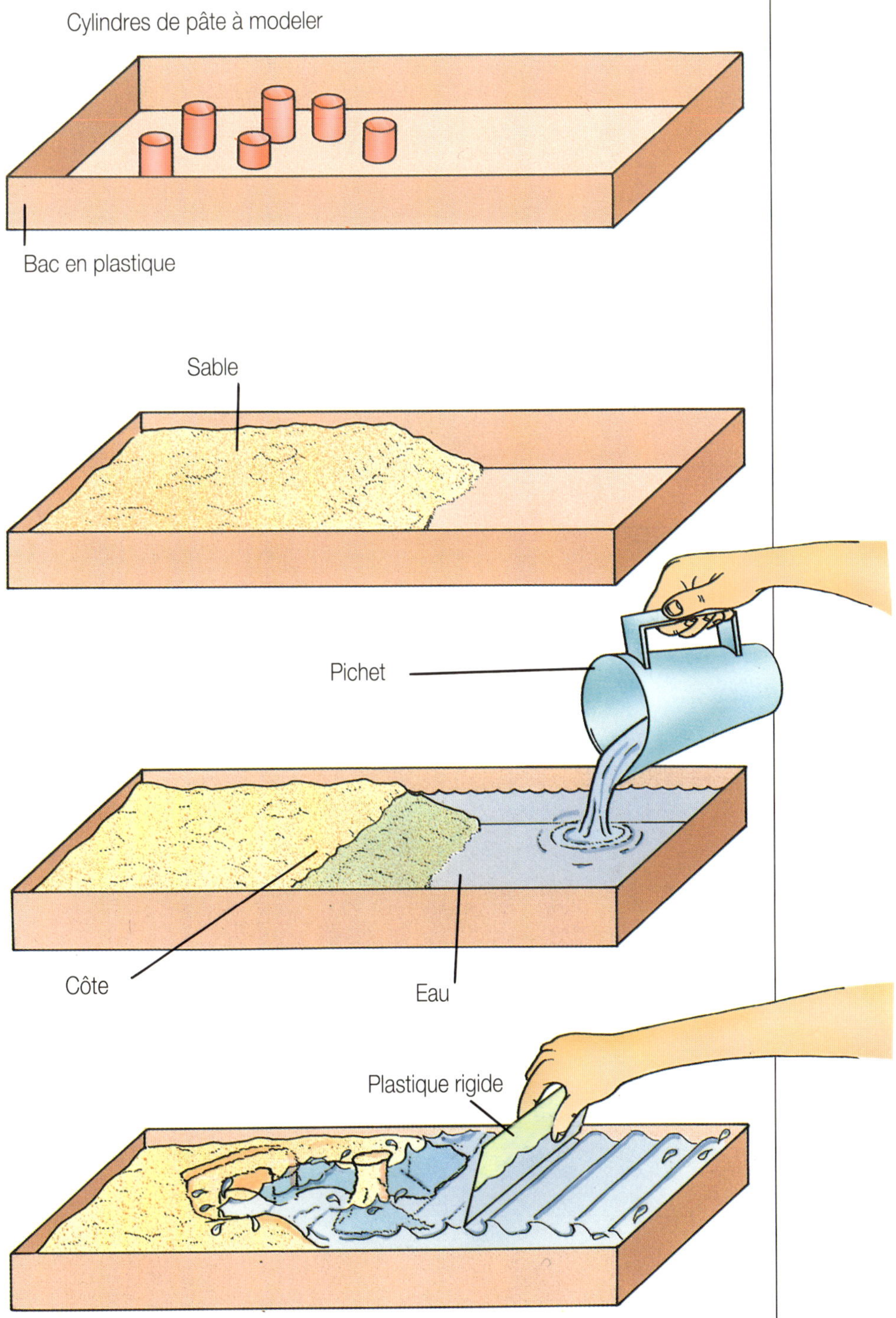

Les mouvements tectoniques et l'érosion superficielle ne sont pas les seuls agents de la formation du paysage. Certaines formes d'érosion modifient des zones souterraines. Parfois des météorites s'écrasent sur la Terre et y creusent de grands cratères. Et les activités humaines telles que l'exploitation minière altèrent également le sol.

ÉROSION SOUTERRAINE

La dissolution de l'anhydride carbonique par l'eau de pluie génère de l'acide carbonique qui attaque les roches calcaires, y sculpte des ravines et y creuse des grottes où s'engouffrent les rivières et où coule l'eau infiltrée à travers le calcaire. Ce processus s'étend sur des milliers d'années. L'eau qui suinte à travers le calcaire renferme du carbonate de calcium en solution. Lorsque l'eau de pluie suinte de la voûte d'une grotte, le carbonate de calcium en solution se dépose en stalactites qui pendent comme des chandelles de glace et des stalagmites qui se dressent comme des flèches d'église.

△ Les stalactites sont des concrétions calcaires suspendues à la voûte de la grotte, les stalagmites sont celles qui s'élèvent du sol. Toutes deux se sont formées à partir de stillations d'eau carbonatée.

▷ Ce cratère de météorite en Arizona aux États-Unis a un diamètre de 1,2 km et une profondeur de plus de 170 m.

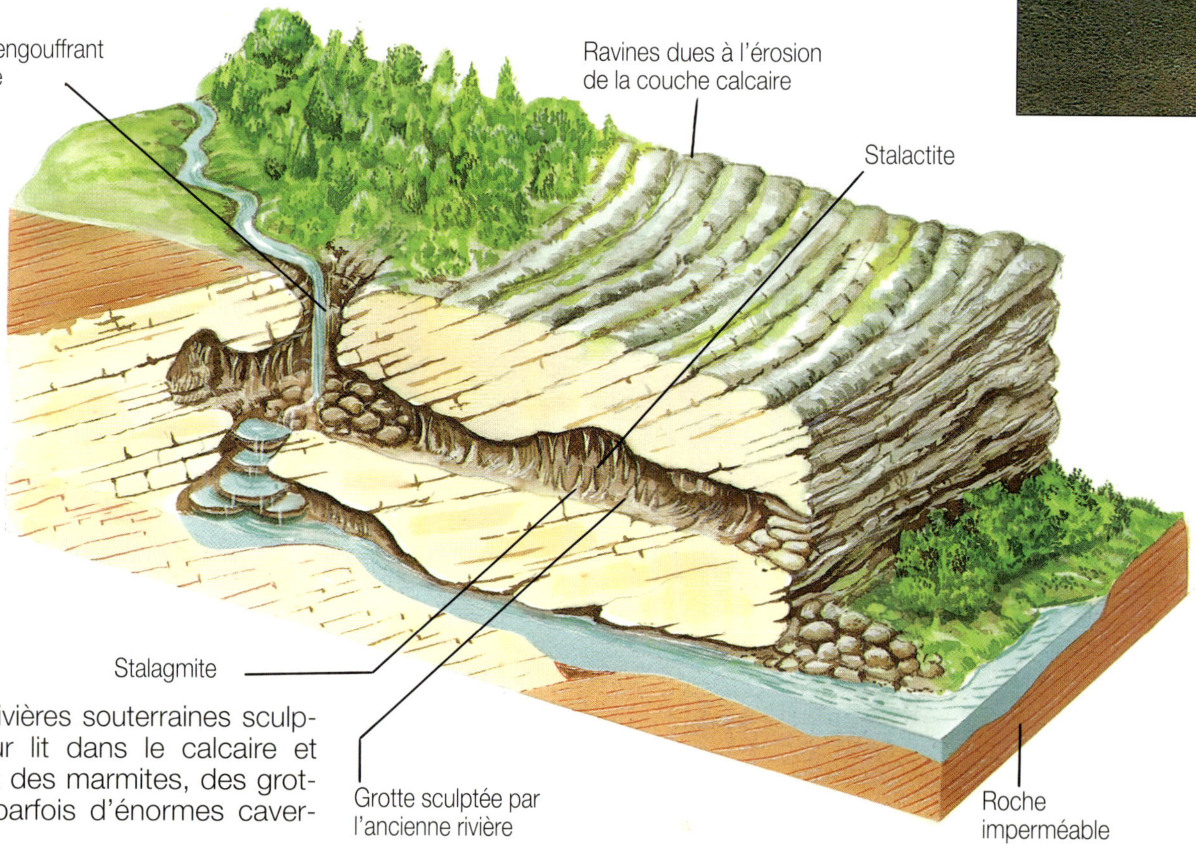

△ Les rivières souterraines sculptent leur lit dans le calcaire et forment des marmites, des grottes et parfois d'énormes cavernes.

CRATÈRES DE MÉTÉORITES

La plupart des météorites proviennent de masses métalliques ou rocheuses en orbite autour du Soleil. En passant dans leur voisinage, la Terre peut en attirer certains. Ceux-ci pénètrent dans l'atmosphère terrestre et se désintègrent. Très rarement un météorite de grandes dimensions ne se consume pas entièrement et atterrit comme une bombe, creusant un énorme cratère. Dans les régions forestières, il peut tout dévaster sur plusieurs kilomètres à la ronde.

L'INFLUENCE HUMAINE

L'activité humaine peut modifier le paysage de différentes manières, généralement désastreuses. De grandes mines de bauxite, de lignite et de cuivre à ciel ouvert peuvent effacer des montagnes entières. L'abattage de la forêt tropicale peut mener à une érosion rapide du sol et remplacer celui-ci par une terre aride. L'arrachage de buissons et d'arbres dans les régions sèches permet aux vents de souffler sur des terres agricoles et de les rendre désertiques.

△ L'exploitation minière à ciel ouvert peut modifier définitivement le paysage. Cette énorme excavation est une mine de cuivre dans le Montana, aux États-Unis.

FABRIQUEZ UN CRATÈRE

Pour cette expérience, portez de vieux vêtements; pratiquez-la à l'extérieur. Mélangez d'abord du plâtre et de l'eau en une pâte épaisse que vous étendez ensuite sur le fond d'une boîte (1). Jetez-y une pierre ou une boulette de pâte à modeler (2). Avec précaution enlevez le «météorite» et laissez durcir le plâtre. Vous obtiendrez une bonne reproduction d'un cratère créé par un météorite.

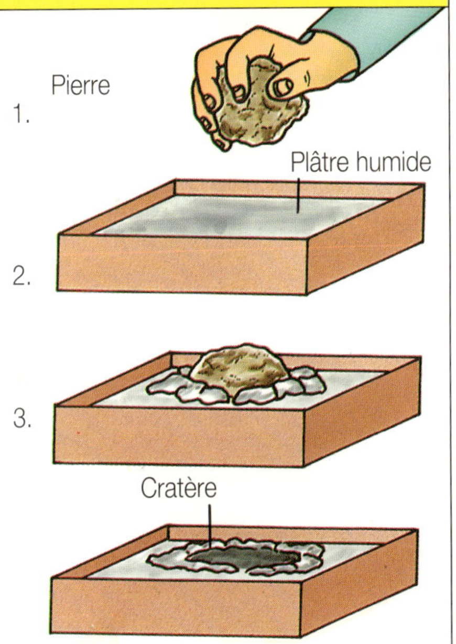

LE SAVIEZ-VOUS?

Les régions polaires ont été rarement recouvertes de calottes glaciaires au cours de l'Histoire. Les courants océaniques chauds pénétraient sous ces latitudes et maintenaient l'océan Arctique à l'abri des glaces. Mais au cours des derniers millions d'années, les eaux de l'Arctique ont été presque entièrement encerclées par des continents qui ont arrêté les courants chauds. Une fine couche de glace s'est par conséquent formée sur l'océan Arctique, y créant un paysage unique d'où n'émerge aucune terre.

SOUS LA SURFACE TERRESTRE

Au cours de leur prospection, les scientifiques à la recherche de pétrole ont, au moyen d'explosifs, reproduit des séismes en miniature. En mesurant les intervalles entre les ondes de choc à l'aide de microphones placés à des distances croissantes de l'explosion, ils peuvent déterminer la structure de la roche sous-jacente.

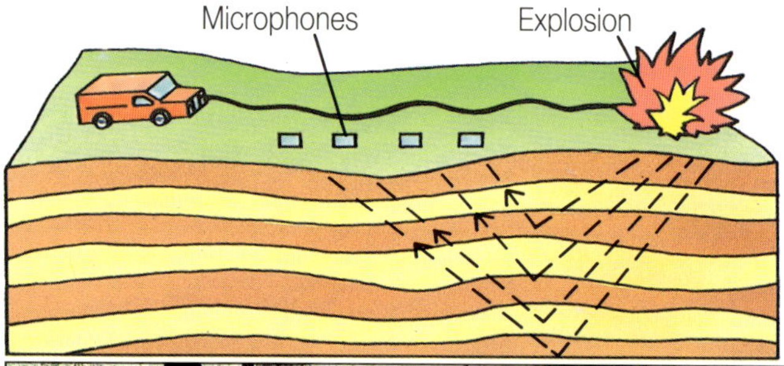

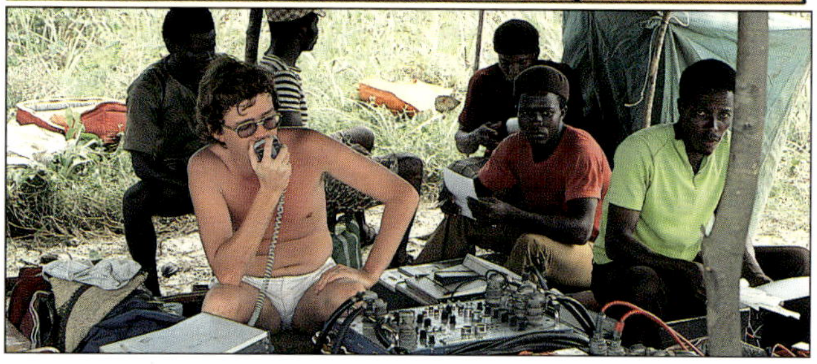

Étude des ondes de choc réfléchies

Une autre manière d'explorer les couches sous-jacentes de la surface terrestre est le prélèvement d'échantillons. Un trou est foré. Puis une tête spéciale est adaptée au trépan qui découpe un cylindre de roche appelé échantillon et peut être ramené à la surface pour examen.

Une zone sismique aux États-Unis chevauche la faille de San Andreas en Californie. Les scientifiques américains ont placé des satellites en orbite stationnaire à son aplomb. Des faisceaux laser dirigés vers des emplacements précis de part et d'autre de la faille sont réfléchis par le satellite vers des récepteurs au sol. Tout mouvement terrestre est immédiatement détecté et les populations averties.

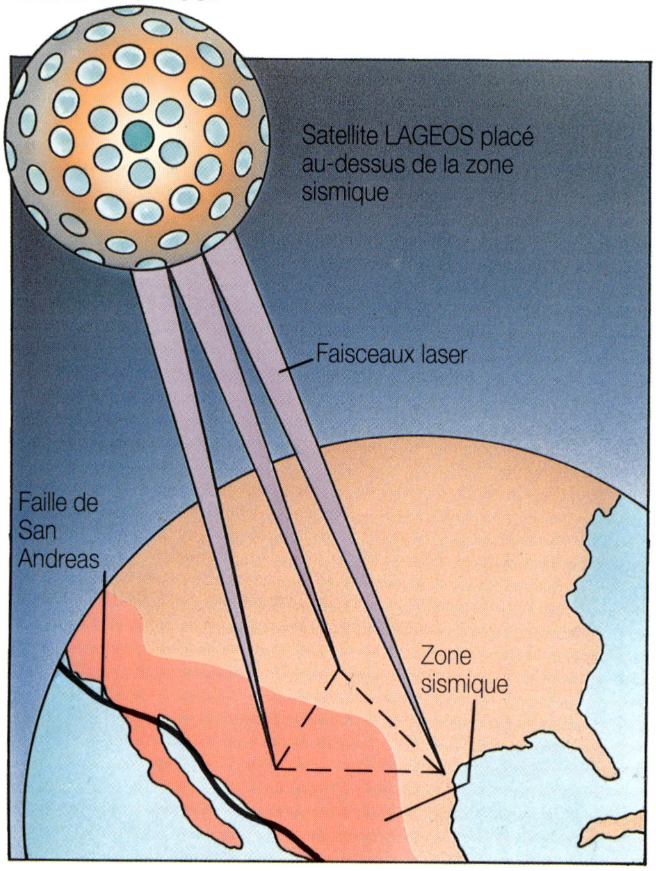

Satellite à faisceau laser

Recherche d'échantillons de minéraux par forage

Anticlinal
Pli convexe des couches de l'écorce terrestre

Barkhane
La barkhane est une dune jeune formée par un régime de vents dominants. Elle a un profil en trois sections : une section au vent, par où se fait l'accumulation et qui est en pente douce ; cette section se termine brusquement comme un tranchant, d'où le nom de sif (sabre) donné dans le Sahara à la crête.

Cheminée (d'un volcan)
Canal simple ou multiple par lequel montent les laves et les projections volcaniques

Croûte terrestre (ou écorce terrestre)
Zone superficielle du globe terrestre d'une épaisseur moyenne de 35 km sous les continents (croûte continentale) et de 10 km sous les océans (croûte océanique)

Fosse (océanique)
Creux du fond des océans où la profondeur dépasse 6 000 m, généralement formé à la lisière de deux plaques dont l'une a glissé sous l'autre

Graben (ou fossé tectonique)
Bloc effondré entre deux compartiments soulevés

Guyot
Montagne volcanique sous-marine au sommet aplati

Horst
Espace de terrain soulevé entre deux failles

Ignée (roche –)
Type de roche formée de magma solidifié en se refroidissant

Lave
Matière liquide émise par un volcan et qui se refroidit pour former une roche volcanique. On distingue les laves acides qui se refroidissent vite et les laves basiques, fluides, qui s'étalent en larges coulées.

Manteau
Partie du globe terrestre comprise entre la croûte et le noyau

Métamorphiques (roches –)
Roches sédimentaires ou magmatiques ayant subi des transformations dans leur structure soit à l'état solide soit à l'état de fusion partielle. Les roches métamorphiques les plus répandues sont cristallophylliennes, c'est-à-dire que leurs minéraux sont disposés en lits.

Noyau
Partie centrale du globe terrestre. L'intérieur du noyau est en métal à l'état solide ; l'enveloppe extérieure du noyau est du fer en fusion.

Plissement
Déformation des couches géologiques liées à l'orogénèse ; ensemble de plis

Sédimentaires (roches –)
Roches créées par la transformation de dépôts d'origine biochimique ou éruptive. Le passage d'un sédiment meuble à l'état de roche sédimentaire consolidée s'appelle la diagénèse.

Sif (voir barkhane)

Synclinal
Se dit d'un pli dont la convexité est tournée vers le bas

Tectonique (n. f.)
Partie de la géologie qui étudie la déformation des terrains sous l'effet des forces internes, postérieurement à leur mise en place ; ensemble de ces déformations

Tectonique (adj.)
Relatif à la tectonique

Volcanisme
Ensemble des manifestations volcaniques, c'est-à-dire relatives aux volcans

Origine des photographies:
Couverture et pages 16-17: Robert Harding Picture Library; pages 5, 19 (en haut et en bas), 22-23, 25 (en haut), 26-27 (toutes) et 28-29 (toutes): Spectrum Colour Library; pages 9, 11 et 13: Frank Spooner Pictures; pages 10 et 21: The Hutchison Library; pages 14, 25 (en bas) et 30 (en haut et en bas): J. Allan Cash Photo Library; pages 15, 18 et 24: Eye Ubiquitous; page 23: Science Photo Library.